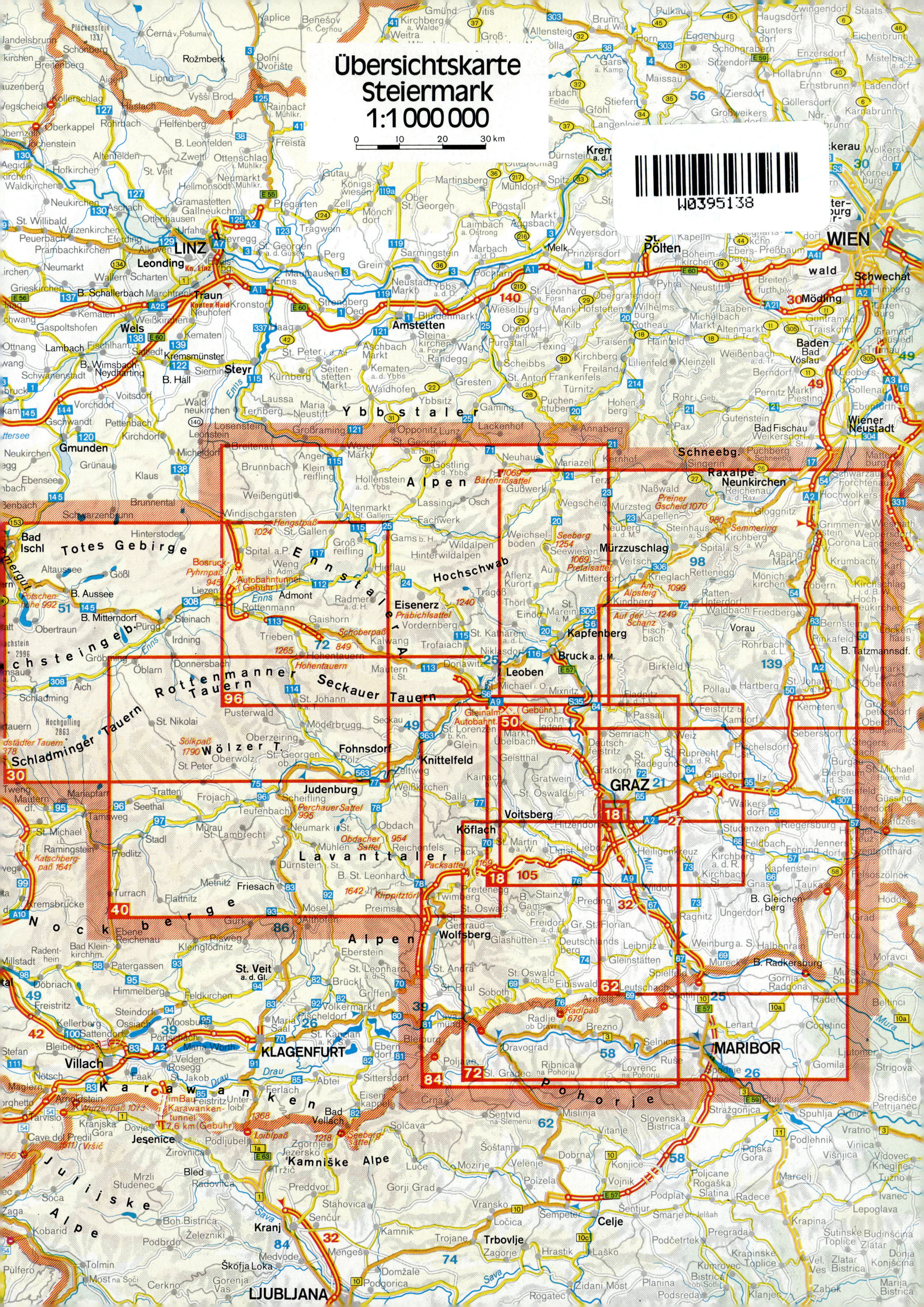
Übersichtskarte
Steiermark
1:1 000 000
0 10 20 30 km
LINZ
WIEN
GRAZ
KLAGENFURT
MARIBOR
LJUBLJANA
Totes Gebirge
Ennstaler Alpen
Hochschwab
Rottenmanner Tauern
Seckauer Tauern
Wölzer T.
Schladminger Tauern
Lavanttaler Alpen
Nockberge
Karawanken
Kamniške Alpe
Julijske Alpe
Pohorje
Ybbstaler Alpen
Leoben
Bruck a. d. M.
Kapfenberg
Judenburg
Knittelfeld
Voitsberg
Wolfsberg
Villach
Celje
St. Pölten
Amstetten
Steyr
Wels
Bad Ischl
Mürzzuschlag
Eisenerz
Liezen
Admont
Fohnsdorf
Köflach

Inhaltsverzeichnis

Auf der Ursprungalm im Preuneggtal

Hoch vom Dachstein an – bis ins Rebenland . . .‹, so beginnt die Landeshymne. Sie besingt die landschaftliche und damit auch kulturelle Vielfalt der Steiermark, dieses zweitgrößten Bundeslandes Österreichs. Von alpinen Höhen, vor allem im Nordwesten, im Salzkammergut, der Dachstein- und Tauernregion, fällt das Land langsam über das oststeirische Hügelland bis zur ›Bäderecke‹ ab, bis zur ungarischen Ebene, die im Südosten bis ins benachbarte Jugoslawien hineinreicht. Dazwischen liegen die tiefeingeschnittenen Täler von Enns, Mürz und Mur. Da gibt es das weite Grazer Becken mit der Landeshauptstadt, das als Obstanbaugebiet bekannte Weizer Hügelland und das waldreiche Joglland. Den westlichen und südlichen Abschluß bilden – ›der Sonne am nächsten‹ – die Weinlandschaften zu Füßen der Koralpe und um Leibnitz.

Ob Hochgebirge, Weinhügel oder flache Ebene, gleichmäßig verteilt findet sich überall Sehens- und Besuchenswertes, teils von der Natur geschaffen, teils von Menschenhand. Es reicht von dem großartigen Erzberg oder dem dramatischen Enns-Abschnitt namens Gesäuse bis zu romanischen Kirchen wie in Pürgg oder Seckau oder der hochaufragenden Riegersburg. Weitere Beispiele sind das gotische Kornmesser-Haus in Bruck an der Mur, das Landhaus im Renaissancestil in Graz oder die prunkvoll barocke Stiftsbibliothek in Admont. Auch die bäuerliche Welt im Österreichischen Freilichtmuseum bei Stübing, das Salzbergwerk in Altaussee oder das Silberbergwerk von Oberzeiring zählen dazu.

Die Fülle des Angebots der so verschiedenen steirischen Landschaften kennenzulernen, dazu möchte dieser HB-Bildatlas anregen.

Herz der gr

Bei allem Fortschritt – alljährlich anläßlich des ›Steirischen Herbstes‹ künstlerisch dokumentiert – ist das Vergangene nicht vergessen. Trotz einer turbulenten Vergangenheit, gespickt mit einigen Höhe-, doch auch vielen Tiefpunkten, besticht die zweitgrößte Stadt Österreichs durch ein nahezu intaktes Zentrum. Es stammt aus durch große Auseinandersetzungen mit Ungarn, Türken und Franzosen geprägter Zeit, wurde von italienischen und einheimischen Baumeistern errichtet und gestaltet.

Foto: Der prachtvolle Renaissance-Arkadenhof des Grazer Landhauses.

inen Steiermark – Graz

△ Über den Grazer Dächern: Rathaus und Franziskanerkirche

Grazer Dom, . . . ▽

. . . Burg und Mausoleum bilden die sogenannte Stadtkrone ▽

Ein großer Zeiger für die Stunden, ein kleiner für die Minuten: Grazer Wahrzeichen ist der Uhrturm ▽

△ Die Doppelwendeltreppe in der Burg

△ Hinauf auf den Schloßberg: Kriegssteig oder Standseilbahn ▽

Unter Glockenklängen in die Grazer Vergangenheit

Tag für Tag legt die Pummerin von Graz, in steirischer Bescheidenheit ›Liesl‹ genannt, ihren Klangmantel über die Landeshauptstadt. In der Früh um sieben Uhr, zu Mittag um zwölf Uhr und am Abend um 19 Uhr klingen genau 101 Schläge der Glocke in dumpfem As vom Schloßberg nieder. Denn die ›Liesl‹ haust hoch über der sogenannten Stadtkrone und den Straßenzügen im ehemaligen Graben in einem mächtigen Glokkenturm, der noch höher liegt als das Wahrzeichen von Graz, der Uhrturm. Meister Martin Hilger hatte die Glocke vor 400 Jahren aus 101 von den Türken eroberten Kanonenkugeln gegossen.
Die Glocke und ihr Klang nehmen den Interessierten mit in die Vergangenheit der letzten deutschsprachigen Großstadt an der Grenze zum anderen Europa. Graz, in seiner Farbigkeit schon angehaucht vom Süden, liegt nahe einer Grenze, die kluges Maßhalten auf beiden Seiten – gerade in der jüngeren Geschichte – zu einem blühenden Zaun hat werden lassen.

Ständiger Überlebenskampf

In dieser Stadt schlägt das Herz eines Landes, dessen Bewohner von Anfang an ihre Rolle darin fanden, für andere zu tragen und zu kämpfen, um selber zu überleben. Dieses Schicksal einer Grenzmark hat der bekannte Heimatdichter Hans Kloepfer einprägsam umschrieben: ›Des ›Deutschen Reiches Hofzaun‹ hat sie von alters her geheißen, ein bitterer Ehrentitel für ein Land, das gegen Osten und seine beutelüsternen Raubscharen zu Fuß und zu Roß von jeher offen lag. Aus jahrhundertelanger Verwitterung leuchtet es in kargen Farben vom Landplagenbild der Domsüdwand in Graz wie in einem Brennspiegel gefaßt, das Leiden und Dulden des Steirervolkes unterm blassen Trostregenbogen seiner Heiligen und Fürsten im weiten Himmel.‹

△ Hinter dem Grazer Hauptplatz erhebt sich der Schloßberg mit Uhrturm und Glockenturm

Gründerzeitliche Fassaden in der St. Leonharder Wegenergasse ▽

△ An die Franziskanerkirche schließt ein gotischer Kreuzgang an

△ Tradition hat die Hofbäckerei Edegger-Tax

△ Hostienkelch mit Steirischem Panther

Das Gemalte Haus ▽

Nicht nur Territorialgrenzer

Aber die Steirer sind nicht nur Territorialgrenzer. Sie sind es bis zum heutigen Tag auch im Geistigen. In alle Bewegungen, auch in die politischen, von denen sie erfaßt wurden, sind sie ganz hineingezogen worden. Und stets als die ersten ganz bis an den Rand, bis an die Grenze gegangen. Das hat nicht immer Vorteile gebracht, eher manch schiefen Blick von denen, die vorsichtiger waren, und manch hartes Urteil über den ewig unbequemen Radikalismus der Steirer.

Und das ist bis heute so geblieben. Man braucht nur an den Ruf zu denken, den die Steirer etwa in Wien haben. Beispielsweise, wenn es darum geht, in ihrem verzweifelten wirtschaftlichen Existenzkampf ihre Interessen durchzusetzen, weil sie heute das, was einmal Segen war, nämlich Holz und Eisen, im Sog der weltwirtschaftlichen Entwicklung als Last zu tragen haben.

Das gilt aber auch für die Bereiche der Kunst, in denen sie zum Beispiel im ›Steirischen Herbst‹ jene Grenzen abtasten, die die Kunst des Heute von der Kunst des Morgen trennen. Dabei zeigt sich auch, daß es dem Wesen des Steirers entspricht, das Althergebrachte nicht zu mißachten, weil er weiß, daß derjenige, der das Alte wegwirft, auch das Neue nicht lange behalten wird.

Ohne Steiermark kein Österreich

Die Anfänge dieser Entwicklung liegen freilich weit zurück. Zuerst haben zahlreiche Völker, unter ihnen Illyrer, Kelten, Römer und Slawen, nach- und nebeneinander in der Steiermark gesiedelt und ihre Spuren hinterlassen. Frühzeitig wurde die Grüne Mark zu einem Grenzland mit wachsender Bedeutung – ›ohne Steiermark kein Österreich‹. Ihr Gewicht unterstrich im hohen Mittelalter Kaiser Friedrich Barbarossa, als er im Jahr 1180 den bisherigen Markgrafen zum Herzog erhob. Nur ein paar Jahrzehnte später geriet das Steirerland in den Strudel europäischer Geschichte und wurde zum Zankapfel Böhmens und Ungarns.

△ Repräsentative Fassaden in der Herrengasse

Die Seitenteile des Stadtparkbrunnens stehen heute in Paris ▽

△ Jazz im Kulturhauskeller in der Elisabethstraße

△ Siegfried Anzingers ›Schutzmantelmadonna‹: beim ›Steirischen Herbst‹ in der Neuen Galerie

△ Neurenaissance: das Hauptgebäude der Grazer Universität

In der steilen Sporgasse ▽

Der wechselnden Herrscher überdrüssig, machten die steirischen Adligen dem ständigen Hin und Her ein Ende, indem sie sich in einem Aufstand dem neugewählten deutschen König Rudolf von Habsburg anschlossen – der Beginn einer bis 1918 anhaltenden Herrschaft des Hauses Habsburg. Ansehen und Last der Steiermark wurden in dem Maß, in dem das Haus Österreich die Verantwortung für das ganze Deutsche Reich zu tragen hatte, größer.

Graz als Residenz

Auch die steirische Hauptstadt wurde immer mehr zu einem Sammelbecken geistiger, kultureller, wirtschaftlicher und politischer Kräfte, ein weiteres Zentrum neben Wien. So war es keine Frage, daß Graz, nachdem Innerösterreich 1564 als eigener Staat institutionalisiert worden war, Residenz des Landesfürsten und damit Hauptstadt wurde. Wobei über 100 Jahre zuvor bereits Kaiser Friedrich III. zehn Jahre lang das Heilige Römische Reich Deutscher Nation von hier aus regiert hatte.

Zugleich galt die Stadt als Hauptfestung gegen die Türken im großen Festungsgürtel nach Südosten. Graz war auch die Hauptstadt, in der die Schwere des Glaubenskampfes von beiden Seiten mit größerem Ernst getragen wurde als anderswo. Und sie war die Stadt der Gelehrten, die an der im Jahr 1585 von Erzherzog Karl II. gegründeten Jesuiten-Universität und in der wenige Jahre früher von den Ständen eingerichteten evangelischen Stiftsschule tätig waren. So unterhielt beispielsweise Johannes Kepler hier als protestantischer Professor kollegiale Beziehungen zur katholischen Universität. Übrigens sind es heute über 30000 junge Menschen, die in Österreichs – nach Wien – zweitältester Universitätsstadt studieren.

Der ›steirische Prinz‹

Genau 130 Jahre nachdem der aus der steirischen Linie stammende Kaiser Ferdinand im Jahr

△ Handelsplatz Graz: von Herrn Holasek inmitten seiner Antiquitäten in der Sackstraße bis zur internationalen Grazer Messe ▽

△ Modernes Graz: Terrassensiedlung St. Peter

△ Edles bei ›Cellini‹ in der Hans-Sachs-Gasse

△ Bauernmarkt Kaiser-Joseph-Platz: Kürbiskernöl, unumgänglich für den steirischen Bohnensalat

›Ritterstube‹ im »Parkhotel« ▽

1619 mit seiner Residenz nach Wien gezogen war, nämlich 1749, verlor Graz vor allem durch die Reformen Maria Theresias endgültig seinen Vorrang als Residenzstadt, und damit begann der Glanz zu verblassen.
Zusammen mit seiner Metropole fand sich die ganze Steiermark in den Winkel der Geschichte abgeschoben, als der bedeutende Habsburger Erzherzog Johann von Österreich, dem sein kaiserlicher Bruder das geliebte Tirol als Aufenthalt verboten hatte, in die daniederliegende Steiermark kam, um als ›steirischer Prinz‹ zum großen Notwender des Landes zu werden. Obwohl ohne offizielles Amt, war es ihm zu danken, daß es im Land wieder aufwärts ging und die Stadt Graz von einem neuen Aufschwung erfaßt wurde.
Johann gründete hier 1811 das Joanneum, dessen ›Tochter‹ die Technische Universität von Graz wurde, rief eine sogenannte Leseanstalt am Joanneum ins Leben, aus der die heutige Landesbibliothek hervorging, gründete 1819 die heutige Landwirtschaftskammer, 1825 die Handelskammer und die Steiermärkische Sparkasse und sorgte schließlich 1827 für die Wiedererhebung der zum Lyzeum degradierten Carl-Franzens-Universität von Graz. Johann kümmerte sich aber auch um die notleidende Landbevölkerung. So veranlaßte er beispielsweise die Einfuhr der Kartoffel ins Land. In seine Zeit fiel außerdem die verstärkte Industrialisierung nicht nur der ständig wachsenden Stadt Graz, der er große Beachtung schenkte.

Von Washington bis Handke

Bei soviel ›großer‹ Geschichte blieb immer auch Raum für sogenannte Randfiguren. So ließ sich John Washington, ein Vetter des amerikanischen Präsidenten, in Graz nieder, nach langer Flucht aus England quer durch Europa. Und Napoleons Bruder Louis Bonaparte fand hier – zumindest vorübergehend – Ruhe, nachdem er als König von Holland abgedankt hatte. Auch Don Alfonso

△ Barockschloß Eggenberg, heute Museum

△ Barockisiert: das 1129 gegründete Stift Rein

Das 14. und 17. Jahrhundert prägten das wehrhafte Aussehen der Burg Rabenstein ▽

△ Die Lurgrotte, eine der schönsten Tropfsteinhöhlen

△ St. Bartholomäs einstige Pfarrkirche

Der ›Laarerhof‹ aus dem Sölktal im Österreichischen Freilichtmuseum in Stübing ▽

Um seine Kirche geschart: Frohnleiten an der Mur ▽

von Bourbon, der Bruder des Don Carlos, zog sich nach Graz zurück und blieb. Ihnen taten es viele österreichische Pensionäre nach, die den fast südländischen Charme und das milde Klima der Stadt an der Mur dem außerdem weitaus kostspieligeren Wien vorzogen.
Viele Große der Kunst, wie Alexander Girardi, Johann Nestroy, Peter Rosegger, Robert Hamerling und Franz Nabl, nahmen hier gern Aufenthalt. Und in der jüngsten Zeit, in der sich Graz zur heimlichen Hauptstadt der deutschsprachigen Literatur entwickelte, waren es Peter Handke, Wolfgang Bauer, Gerhard Roth, Alfred Kolleritsch und viele andere, die das geistige Reizklima der Stadt inspirierte.

Das Tor nach Südost

Das Grazer Grenzklima erwies sich in weiterer Hinsicht als günstig: Seit jeher war die steirische Metropole ein Mittler zum Süden und Südosten, nach Italien und vor allem Richtung Balkan. Das hat sich selbst nach den harten Schlägen der jüngeren Geschichte nicht geändert. Eine kulturelle, eine Kunst-Brücke wird alljährlich beim ›Steirischen Herbst‹ mit dem steirisch-italienisch-jugoslawischen ›Trigon‹ geschlagen. Solide wirtschaftliche Brücken sind die Grazer Messen, die seit über 80 Jahren jeweils im Frühjahr und im Herbst ein speziell für ungarische und jugoslawische Besucher außerordentlich attraktives Ziel sind. Die Zahl von 400000 Besuchern ist eine deutliche Sprache.

Bummel durch Jahrhunderte

Einem gütigen Schicksal und der Klugheit einiger Kommunalpolitiker ist es zu danken, daß die sichtbaren Spuren der großen Vergangenheit auch heute dem Besucher der Stadt, die sich von der Pensionopolis zur Residenz der Avantgarde entwickelt hat, erhalten geblieben sind. In der größten bewahrten Altstadt des deutschen Sprachraumes trifft man auf die steingewordene Phantasie der Menschen aus vielen Jahrhunderten.

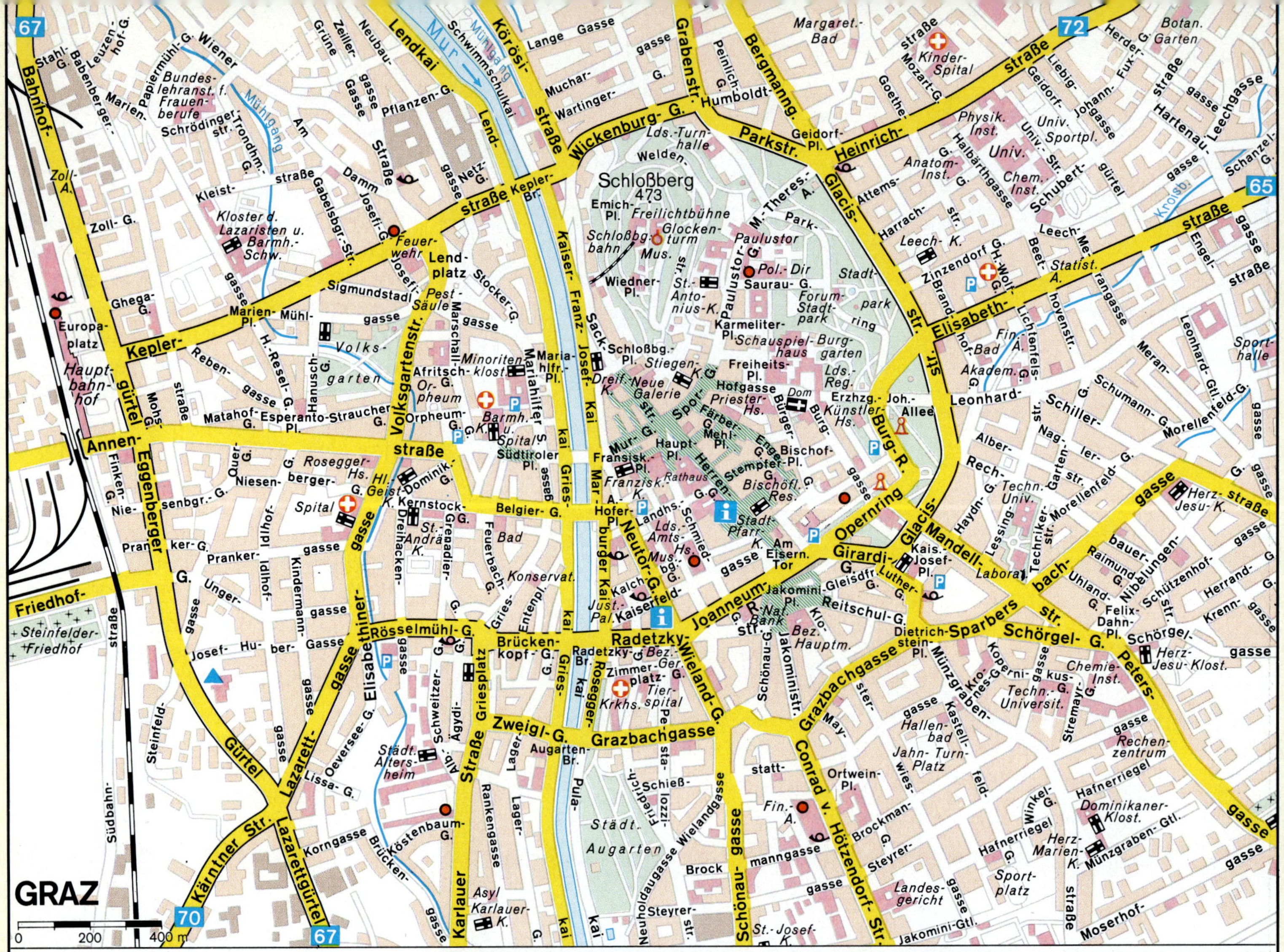
GRAZ
0
200
400 m
Schloßberg
473
Lendplatz
Kepler-
straße
Annen-
straße
Eggenberger
Gürtel
Bahnhof-
Gürtel
Hauptbahnhof
Europaplatz
Volksgarten
Volksgartenstr.
Belgier-G.
Elisabethiner-
gasse
Rösselmühl-G.
Zweigl-G.
Grazbachgasse
Radetzky-
Wieland-G.
Joanneum-
ring
Opernring
Glacis-
str.
Elisabeth-
str.
Heinrich-
str.
Wickenburg-G.
Parkstr.
Bergmanng.
Körösi-
straße
Lendkai
Kaiser-Franz-Josef-Kai
Grieskai
Griesplatz
Karlauer
Straße
Kärntner Str.
Lazarettgürtel
Conrad v. Hötzendorf-Str.
Schönaugasse
Stadtpark
Augarten
Mur
Friedhofgasse
Steinfelder-Friedhof
Mandell-
str.
Schörgel-G.
Sparbers
bach-
gasse
Leonhard-
str.
Techn. Univ.
Univ.
Jakomini-Gürtel
Münzgraben-Gtl.
67
70
72
65

GRAZ
96
50
72
84
40
62
GLEISDORF
WEIZ
KÖFLACH
VOITSBERG
Gratkorn
Gratwein
Frohnleiten
Rechberg
Peggau
Deutschfeistritz
Übelbach
Stattegg
Weinitzen
Kumberg
Eggersdorf b. Graz
Laßnitzhöhe
Hart b. Graz
Raaba
Feldkirchen
Premstätten
Lieboch
Dobl
Kalsdorf
Wundschuh
Hitzendorf
Mooskirchen
Gleinalm-Tunnel
Österr. Freilichtmuseum Stübing
Schöckl
Rettenbach
Kirchberg a. d. R.
St. Margarethen a. d. Raab
Mitterlabill
Schilcher Straße
Maßstab 1:300.000
0
2
4
6
8
10 km

Wo gibt es was?

ⓘ = Auskunft

Graz

Wohl schon frühzeitig hatte der Grazer Schloßberg als Fliehburg gedient; um 800 entstand eine erste Siedlung. Der im 12. Jh. planmäßig ausgebaute Marktort nannte sich bereits 100 Jahre später Stadt. Ab 1379 war Graz Residenz der sogenannten leopoldinischen (Habsburg-)Linie, nominell bis 1749. Um 1480 die ›Gottesplagen‹: Türken, Heuschrekken und Pest. Graz wurde nach 1543 und bis ins 18. Jh. hinein zur Festung ausgebaut (Schleifung des Schloßbergs 1811, der Befestigungen um 1860). 1844 fuhr in Graz die erste Eisenbahn, 1906 wurde die erste Grazer Messe veranstaltet. 1944 und 1945 erlitt die Stadt schwere, mittlerweile behobene Bombenschäden.

Sehenswürdigkeiten

Burg, Dom und Mausoleum bilden die ›Stadtkrone‹. Die Burg ließ Kaiser Friedrich III. ab 1438 erbauen und dessen Sohn Maximilian I. erweitern – aus dieser Bauphase stammt die berühmte gotische Doppelwendeltreppe. Erneuter Ausbau im 16. Jh. unter Karl II. von Innerösterreich. Der Burg gegenüber der außen schlichte, ebenfalls unter Friedrich III. erbaute spätgotische Dom (1438 bis 1462) mit prunkvoller Barockausstattung. An der Außenseite das ›Landplagenbild‹, die älteste Grazer Stadtansicht (1481); bedeutendste Kunstwerke der Innenausstattung sind die Brauttruhen der Paola Gonzaga aus Mantua (1477). Neben dem Dom das manieristisch-barocke Mausoleum Kaiser Ferdinands II., von Pietro de Pomis begonnen und von Pietro Vallnegro vollendet (1614–1714); Innenausstattung von Johann Bernhard Fischer von Erlach.
Auf dem Schloßberg, weder von Türken noch Franzosen eingenommen, der Uhrturm (1560), der Glockenturm (1588) und Teile der alten Befestigungsanlage aus dem 16. Jh.
Den Hauptplatz beherrscht das klassizistische Rathaus (um 1805 und um 1890), gesäumt von einer Reihe farbenprächtiger Barockbauten; im Zentrum der Erzherzog-Johann-Brunnen (1878). In der Herrengasse das Gemalte Haus (Fassadenfresko 1742), das Landhaus von Domenico dell' Allio als eines der bedeutendsten Renaissancebauwerke in den Alpen um 1560 errichtet, mit geschlossenem Arkadenhof und Brunnenlaube (Erweiterungen bis ins 19. Jh.). Anschließend das Landeszeughaus, ein frühbarocker Bau (1644). Schräg gegenüber die Stadtpfarrkirche, gotisch, mit barocker Schaufassade und Dachreiter (um 1440 und 18. Jh.); im südlichen (Johannes-) Schiff das Bild ›Mariä Himmelfahrt‹ (1594) von Tintoretto. An der Mur die gotische Franziskanerkirche (14. und 16. Jh.) mit eigenwilligem Zwiebelturm (1740) und auf der anderen Seite die zweitürmige barocke Kirche Mariahilf (17. und 18. Jh.).
Weiterhin zahlreiche Palais und schöne Innenhöfe, vor allem in der Sporgasse und in der Sackstraße. An das Herz der Stadt schließen Gründerzeitviertel mit zahlreichen Häusern aus dieser Zeit und im Jugendstil. Großer im englischen Stil gestalteter Stadtpark mit dem 1873 auf der Weltausstellung in Wien erstandenen Brunnen.
Am Rande der Stadt im Osten, auf einem Hügel, die barocke Wallfahrtskirche Maria Trost (1714–1754) und im Westen Eggenberg, das prunkvollste Schloß des Landes, um 1625 von Hans Ulrich von Eggenberg nach eigenen Plänen und solchen von Pietro de Pomis in Auftrag gegeben; im zweiten Stock die bedeutenden Prunkräume.

Museen

In einem barocken Bau (um 1670) in der Raubergasse ist das Landesmuseum Joanneum untergebracht, mit den Abteilungen Geologie, Paläontologie und Bergbau, Mineralogie, Botanik und Zoologie (täglich geöffnet 9–16 Uhr, samstags, sonntags und feiertags nur bis 12 Uhr). Gegenüber in einem neubarokken Gebäude (1894) in der Neutorgasse die Alte Galerie (Kunst vom Mittelalter bis zum Barock) und die Abteilung für Kunstgewerbe des Joanneums (gleiche Öffnungszeiten). Die Neue Galerie im Rokoko-Palais Herberstein (1602 und 1754) in der Sackstraße zeigt Kunst des 19. und 20. Jh. (täglich geöffnet 10 bis 18 Uhr, samstags, sonntags und feiertags nur bis 13 Uhr). Im Landeszeughaus lagert noch immer die größte mittelalterliche Waffensammlung Europas (täglich geöffnet 9–17 Uhr, samstags, sonntags und feiertags nur bis 13 Uhr; November bis März geschlossen). Im ehemaligen Kapuzinerkloster (17. bis 20. Jh.) in der Paulustorgasse ist seit 1911 das Steirische Volkskundemuseum untergebracht und zeigt Volkskultur, beispielsweise Trachten (täglich außer freitags geöffnet 9–16 Uhr, samstags, sonntags und feiertags nur bis 13 Uhr; November bis März geschlossen). Das barocke Palais Khuenburg (16. und 17. Jh.) in der Sackstraße beherbergt das stadtgeschichtliche Grazer Stadtmuseum mit einem großen Stadtmodell (›Graz um 1800‹; täglich außer sonntags geöffnet 10–18 Uhr, dienstags bis 21 Uhr und samstags nur bis 13 Uhr) und das Apothekenmuseum, eine Rarität in Österreich (montags bis freitags geöffnet 10 bis 15 Uhr). In den frühbarocken Gebäuden (17. Jh.) des ehemaligen Minoritenklosters am Mariahilfer Platz ist heute auch das Diözesanmuseum untergebracht, eine Sammlung kirchlicher Kunstwerke (montags bis freitags geöffnet 9–16 Uhr). Ein Jagdmuseum befindet sich im Schloß Eggenberg (täglich geöffnet 9–12 Uhr und 14–17 Uhr, Dezember und Januar geschlossen). Jeden Samstag um 16.45 Uhr fährt eine alte Straßenbahn von der Herrengasse zum dann geöffneten Tramway-Museum in Mariatrost.
Auf einem etwa 50 Hektar großen Areal bei Stübing erinnern rund 60 Bauten aus allen Teilen Österreichs – Gehöfte, Sägewerke, Schmieden, Köhlerhütten – mit ihrem vollständigen Inventar an vergangene bäuerlich-handwerkliche Zeiten (von April bis Oktober täglich außer montags 9–16 Uhr geöffnet).

Theater, Konzerte, Festivals

Graz verfügt über eine traditionsreiche Oper (1899) und ein Schauspielhaus, das zu den schönsten Logentheatern zählt. Erstmals 1776 errichtet, fiel es in der Christnacht 1823 einem Brand zum Opfer und mußte neu gebaut werden. Kabaretts, Keller- und Caféhaus-Theater ergänzen die Szene.
Der ›Steirische Herbst‹, vor 20 Jahren entstanden, hat sich zum größten, umfassenden Avantgardefestival Europas entwickelt; alljährlich im September und Oktober. Mit Styriarte im Juni und Juli wird ein klassisches Musikfestival geboten. Kunst in der Altstadt nennt sich die Veranstaltungsreihe der Stadt Graz, die während des Sommers Konzerte und Theateraufführungen in Höfen, auf der Straße, im Schloß Eggenberg und in Kirchen realisiert.

Einkaufen und Essen

Graz ist für alt und jung, für die Freunde von Antiquitäten ebenso wie für die Fans ganz junger Mode ein gutes Pflaster. Gut sortierte Fachgeschäfte, Boutiquen und preiswerte Antiquitätenhändler locken.
Der »Hofkeller« (Hofgasse 8), bodenständige Spezialitätenrestaurants wie das »Milchmariandl« (Wagnergasse 31) und die Restaurants der Großhotels bieten ebenso wie gutbürgerliche Gaststätten, Beiseln, Künstlerkneipen und gemütliche Caféhäuser, was das Herz begehrt. Freundliche Gastgärten, auch im Zentrum der Stadt, und schattige Lokale in Höfen haben vor allem in der warmen Jahreszeit eine große Anhängerschaft.
ⓘ Fremdenverkehrsbüro der Stadt Graz, Kaiserfeldgasse 25, A-8010 Graz.

An der Enns:

Man muß den Touristen-Prospekten wohl recht geben: Stille und Beschaulichkeit um die Seen des Salzkammergutes, brausend die Enns am bizarren Gesäuse, Weltmeisterschaftspisten im Schatten des mächtigen Dachsteins, schöne Trachten bei den bunten, sangesfreudigen Festen des Ausseer Landes, uralte und prachtvolle Kirchen, Klöster und Schlösser. Im Oberen Ennstal und im steirischen Anteil am Salzkammergut kann es sich der Gast wohl sein lassen.

Foto: Die Neustattalm vor dem noch schneebedeckten Dachstein.

tille Berge, bunte Feste

△ Der Altausseer See unter dem Loser

△ Blick vom ›Narrischen Eck‹ über den Grundlsee

△ Trommelweiber und Flinserln: Bad Ausseer Fasching ▽

Ausseer Narzissenfest auf dem Grundlsee ▽

Nikolospiel in Donnersbach: Der Winter im dicken Fell vertreibt den Sommer in Lederhosen ▽

Bad Aussee: Heribert Raich in seiner traditionellen Lederhosen-Schneiderei ▽

Im steirischen Teil des Salzkammergutes

Wer – auf welchem Weg auch immer – in den nordwestlichsten Zipfel der Steiermark gelangt, dem wird ein wahrhaft großartiger Empfang bereitet. Ob aus dem Oberösterreichischen kommend oder aus dem Salzburgischen der Enns auf steirischen Boden folgend, bald wird er den majestätischen Gruß des Dachsteins entgegennehmen können, des Königs der steirischen Bergwelt.
Mit seiner Nordseite grüßt er hinunter ins Ausseer Land, den steirischen Anteil des einstigen (Salz-)Kammergutes. Übrigens einst ein – mit heutigen Worten ausgedrückt – Sperrgebiet, in das auf bewußt unzugänglich gehaltenen Wegen nur mit Sondergenehmigung eingereist werden durfte. Hier ist ein besonders angenehmer Menschenschlag zu Hause, der in Tracht, Sangesfreude und beim Feiern – sei es beim farbenprächtigen Ausseer Fasching, beim Nikolospiel in Bad Mitterndorf oder beim bekannten Narzissenfest in Bad Aussee – seinen Volkscharakter offenbart. Und von einfacher Schönheit sind die Häuser im Ausseer Land, oft verspielt, aber ohne jeden Prunk.

Kein Trubel und Gelärme

Ebenso angenehm ist die Landschaft. Zwischen Dachstein und Totem Gebirge bis zur Tauplitzalm mit dem längsten Sessellift Europas ist hier ein Lebensbereich der Ruhe erhalten geblieben, der, wie es der Schriftsteller Herbert Zand einmal ausdrückte, ›seine eigene Weite, Freiheit und Schönheit hat, kein menschenfeindliches Land ist, aber zurückgezogen aus dem Gelärme und dem Trubel. Nicht erst seit heute, nicht unzugänglich, aber verborgen‹. Wahrscheinlich ist das mit ein Grund dafür, daß heute ein besonderer Typus von Urlauber, der sich die Bezeichnung Tourist energisch verbieten würde, den Weg in dieses gebirgige herbschöne Seenland sucht.

△ Winterliches Zentrum: die Planai oberhalb Schladming

△ Winterlandschaft um die Tauplitzalm . . .

△ Die Sesselbahn hinauf zur Planai

. . . und die Schladminger Hütte auf der Planai ▽

△ Die Kulmschanze bei einem Springen

Im Gasslhöhesee oberhalb Preunegg spiegelt sich der Dachstein ▽

Dieser geheimnisvolle Reiz war es auch, der das Ausseer Land, in dem Erzherzog Johann übrigens seine Anna Plochl fand, zwischen 1890 und 1918 zu so etwas wie einer Dependance von ›Jung Wien‹ werden ließ. Hugo von Hofmannsthal und Arthur Schnitzler wählten die Landschaft um Bad Aussee ebenso zur sommerlichen Regeneration wie Gustav Mahler oder der berühmte Tenor Gustav Walter. Sigmund Freud zog es ebenso hierher wie Jakob Wassermann und Konrad Mautner, der nicht müde wurde, Literatur, Volksmusik und Brauchtum des Ausseer Landes zu erforschen.

WM-Region Schladming

Wählt man den anderen Weg und folgt ab Mandling der Enns, das Wechselspiel der Natur zwischen den am Talboden hingeduckten Heuhütten beobachtend, so kommt man bald nach Schladming. Jahrhundertelang lag der Ort eher ein wenig abseits der großen Geschichte, trotz seiner erst im letzten Jahrhundert beendeten und gar nicht so unbedeutenden Bergbauvergangenheit. Immerhin förderte man bis auf Gold alles, was begehrt und teuer war – Silber, Kupfer und Blei beispielsweise.

Seit ein paar Jahren aber ist es vorbei mit der friedlich-betulichen Sommerfrische und Schladming rund um den Erdball bekannt durch Skiweltmeisterschaften und -weltcuprennen. Schladming mit dem Rohrmoos auf der einen und der Ramsau auf der anderen Seite hat sich zum bedeutendsten steirischen Fremdenverkehrszentrum entwickelt, aber erfreulicherweise die Fehler anderer bedeutender (Beton-) Wintersportorte vermieden.

Im Schatten des Grimming

Weiter geht es – links begleitet vom wuchtigen Dachsteinmassiv und rechts von den mächtigen Schladminger Tauern, mit der Hochwildstelle als Krönung – nach Haus im Ennstal: ein besonders reizvoller und urtümlicher Ort, der alle Annehmlichkeiten bietet, die der Sommer- und Winterurlauber sucht.

△ Schladming

Ramsau: Durchs Walken verliert der Rohloden erheblich an Größe ▽

Spätgotisch: die Gröbminger Pfarrkirche mit ihrem Flügelaltar ▽

Die Kirchengasse in Haus im Ennstal ▽

△ Am Ödensee bei Bad Aussee

Der 700jährige Markt Öblarn um seine barocke Kirche ▽

Bald kommt der Besucher an Gröbming vorbei. Dort steht mit der Pfarrkirche Mariä Himmelfahrt eine der ältesten Kirchen der Obersteiermark. Dann vorüber an der Abzweigung zum Naturpark Sölktäler nach Öblarn, wo im urgemütlichen Haus Nr. 95 die große Dichterin Paula Grogger ihr Leben verbracht hat, von ihrem blühenden Heimgärtlein aus den Blick direkt auf den Grimming, der lange Zeit als höchster steirischer Berg galt und dem sie mit dem Roman ›Das Grimmingtor‹ ein literarisches Denkmal setzte.

Ein Papst als Pfarrer

Jetzt dauert es nicht mehr lange, und man ist an jenem Punkt angelangt, an dem zu Füßen dieses gewaltigen Gebirgsstockes die Straßen aus dem Ennstal und aus dem Ausseer Land aufeinandertreffen. Da sind Irdning nahe, in dessen schöner Pfarrkirche Mitte des 15. Jahrhunderts Euea Silvio de' Piccolomini, der spätere Papst Pius II., als Pfarrer wirkte, und Pichlarn, eines der prachtvollsten Schloßhotels Österreichs. Und wie damals im Mittelalter sperrt das wuchtige dreigeschossige Schloß Trautenfels, die Talsohle ähnlich beherrschend wie der Grimming das ganze Tal.
Hier öffnen sich die Berge auf der einen Seite hinein Richtung Donnersbach, hin zum gut erschlossenen Gebiet der Riesner Alm und des Mörsbaches.
Von Trautenfels aus sieht man auch hinauf nach Pürgg, das ›wie ein Kripplein in den hohen Fels gebettet‹ daliegt, mit seinen gepflegten alten Häusern um die Pfarrkirche und der frei auf einem Hügel stehenden Johanneskapelle mit bedeutenden mittelalterlichen Fresken.

Im Ennstal

Dann geht es vorbei am einladenden Putterersee, an Stainach und Wörschach zum wirtschaftlichen Zentrum der Region, zur Bezirkshauptstadt Liezen.
Nachdem das Paltental nach Süden abgezweigt ist, kommt man, der Enns weiter folgend, zunächst zu einem anmutigen

△ Schloß Pichlarn, im 16. Jahrhundert erbaut, ist heute Hotel

△ Eine bizarre Felsenge: die Enns im Gesäuse

△ Pürgg vor dem Grimming

△ ›Katzen- und Mäusekrieg‹: Johanneskapelle bei Pürgg

Vor 300 Jahren neu errichtet: die barocke Wallfahrtskirche von Frauenberg ▽

Schloß Röthelstein: Die ›schönste Jugendherberge Europas‹ wurde vor über 300 Jahren für den Admonter Abt errichtet ▽

Das Prunkstück des Stiftes Admont ist die barocke Bibliothek, die den Großbrand von 1865 fast unversehrt überstanden hat ▽

Blickfang: der Kirche Frauenberg vor grauem Fels. Und dann, den Gesäuseeingang schon vor Augen, Admont, jene wichtige und noch immer so lebendige Stätte des Geistes.

Größte Stiftsbibliothek der Welt

Schon um die Jahrtausendwende gründete Erzbischof Gebhard von Salzburg dieses Benediktinerstift im Ennstal, das bald zum Mittelpunkt nicht nur des religiösen, sondern auch des wirtschaftlichen und wissenschaftlichen Lebens wurde. 140000 Bände liegen hier in der größten Stiftsbibliothek der Welt unter den Fresken von Bartolomão Altomonte. Darunter befindet sich eine Bibel aus dem 11. Jahrhundert, ein Geschenk des Gründungsbischofs, und das Glossarium des Bischofs Salomon von Constanz aus dem 9. Jahrhundert, ein Wörterbuch, in dem alles Wissen jener Zeit vereint ist. 1060 Handschriften und 921 Werke aus der Frühzeit des Druckerhandwerks gehören ebenso zu den Schätzen der Stiftsbibliothek wie Handschriften des Korans.

Wildromantisches Gesäuse

Und dann stürzt sich die Enns ins wildromantische Gesäuse, eine Gebirgslandschaft, die für viele Reisenden ihresgleichen auf der Erde sucht. Von den Wienern Heinrich Hess und Erhard Pickel ›entdeckt‹, locken die unbezwingbar scheinenden, von der gischtenden Enns geteilten Berge unzählige Bergsteiger aus der ganzen Welt an – noch immer weitläufig genug, um jedem von ihnen den ersehnten Freiraum zu bieten. Der Admonter Reichenstein, die Hochtor-Gruppe, die Böckstein-Gruppe, das Rosskar und der Heckturm, um nur einige zu nennen, rufen die Bergfreunde, die zumeist am Bergsteigerfriedhof von Johnsbach innehalten, um jener zu gedenken, die für immer hiergeblieben sind. Von jedem Gipfel genießt man den Rundblick in eine Landschaft von einer Urtümlichkeit, als sei sie eben erst geschaffen worden.

Maßstab 1:300.000 0 2 4 6 8 10 km

Wo gibt es was?

Fähnchennummer = Textnummer ⓘ = Auskunft

Altaussee ①

In der Umgebung der uralten Siedlung haben bereits Kelten Salz gewonnen, seit 1147 ist der Salzbergbau urkundlich bekannt. Die Sommerfrische des 19. Jh. ist heute ein Luftkurort. Im Kern spätgotisch die Pfarrkirche (1434 und 1861). Im Kurpark eine barocke Dreifaltigkeitssäule (1678) und im Steinbergstollen des Salzbergwerks (Schaubergwerk von 15. Mai bis 15. September täglich außer montags geöffnet) die 1935 eingerichtete Barbarakapelle mit spätgotischer Heiligenfigur (um 1480). Schwimmen, Segeln und Surfen am Altausseer See, Bergtouren mit Führer. Fahrradverleih. Drachenfliegen am Loser. Skilifte und -schule, Langlaufloipen, Rodeln.
ⓘ Verkehrsverein A-8981 Altaussee.

Bad Aussee ②

Eingebettet in eine Bergwelt mit herrlichen Seen der ›geografische Mittelpunkt Österreichs‹. Um 1295 zum Markt erhoben, kam im 14. und 15. Jh. Reichtum durch Salzbergbau und -siederei. Seit 1868 Kurort und vor 1914 ein Modebad. In der gotischen Pfarrkirche mit romanischem Kern (15. Jh.) die ›Ausseer Madonna‹ (1420). Interessant die ehemalige Spitalkirche ›Zum Heiligen Geist‹ (1395 und 1553) mit zwei gemalten Flügelaltären aus dem 15. Jh. Im wiederholt umgebauten früheren Salzamtsgebäude, dem Kammerhof (14. Jh.), das Heimatmuseum ›Ausseerland‹ (Öffnungszeiten beim Verkehrsverein). Frei- und Hallenbad, Fahrradverleih, Reiten, Tennis (auch Halle), Wandern (geräumte Wege). Langlaufloipen.
ⓘ Verkehrsverein A-8990 Bad Aussee.

Grundlsee ③

Am größten See der Steiermark mit seit mehr als 100 Jahren Linienschiffahrt. Freizeitpark am Ostufer; Segel- und Surf-Schule, Bootsverleih, längster Naturbadestrand des Salzkammergutes, Sportzentrum (Reiten, Tennis, Stockbahnen), Fahrradverleih, Kurse für Schnitzen und Malen. Skilifte und -schule, Langlaufloipen, Rodeln.
ⓘ Verkehrsverein A-8993 Grundlsee.

Bad Mitterndorf ④

Die gotische Pfarrkirche (14. und 15 Jh.) und gepflegte Häuser prägen das Ortsbild des Heilbades (Mineral- und Thermalquelle, Klima), von dem aus auch das gut ausgebaute Skigebiet Tauplitz leicht zu erreichen ist. In der Nähe auch die Kulm-Skiflugschanze. Empfehlenswert der »Grimmingwurz'n«. Reiten und Fahrradverleih. Skilifte und -schule, Langlaufloipen, Rodeln.
ⓘ Kurverwaltung A-8983 Bad Mitterndorf.

Pürgg ⑤

Dem Grimming gegenüber liegt der 800 Jahre alte kleine Ort. Sehenswert die Pfarrkirche (12.–17. Jh.), die in der Gotik erweitert und verändert wurde; sie ist von einem ummauerten Friedhof umgeben. Mächtiger, im Ursprung mittelalterlicher Pfarrhof und, etwas außerhalb, die Johannes-Kapelle (1160); der romanische Bau ist mit seinen Fresken fast unverändert erhalten.
Das mächtige *Schloß Trautenfels* erhielt um 1670 seine heutige Gestalt. Es dient als Jugendherberge und als bemerkenswertes Landschaftsmuseum Ennstal (täglich geöffnet April bis Oktober).

Irdning ⑥

Ein prachtvoller Blick über die Enns auf den Grimming zeichnet den ruhigen, im 12. Jh. planmäßig angelegten Ort aus. Die gotische, um 1740 barock erweiterte Kirche besitzt eine bemerkenswerte Ausstattung. Östlich das *Schloß Pichlarn*, im 16. Jh. errichtet und bis ins 20 Jh. umgebaut und erweitert (heute Schloßhotel mit Reit- und Golfmöglichkeiten), sowie der Putterer See. Möglichkeit, das Bergwanderabzeichen zu erwerben. Langlaufloipen, Skischule und Skigebiet Donnersbacher Alpen.
ⓘ Verkehrsverein A-8952 Irdning.

Haus im Ennstal ⑦

Traditionsreiche Sommerfrische und bekannter Wintersportort. Schon 928 erstmals genannt, ist Haus der älteste Pfarrort im Oberen Ennstal und war bis 1803 Verwaltungszentrum des erzbischöflich-salzburgischen Besitzes dort; so findet sich noch manches Haus in salzburgischer Bauweise. Bis 1753 war nach einem Ortsbrand die Pfarrkirche neu errichtet; eine gute Arbeit der barocke Hochaltar. Im barocken Pfarrhof (16.–18. Jh.) das kultur- und kirchengeschichtliche Dekanatsmuseum (Öffnungszeiten, von Juli bis September, beim Verkehrsverein); Ausstellungen auch im Zehntspeicher aus dem 17. Jh. am Schloßplatz mit dem salzburgischen Amtshaus (16. Jh.).
Hallenbad, Paddeln auf der Enns, Wandern (geräumte Wanderwege) und geführte Bergtouren, Fahrradverleih, Reiten, Gondelbahn auf den Kaibling. Skilifte und -schule.
ⓘ Verkehrsverein A-8967 Haus.

Schladming ⑧

700 Jahre Bergbau, Reformationswirren und die Bauernkriege setzten die Akzente. Insgesamt achtmal ist das heutige Fremdenverkehrszentrum abgebrannt, verlor sein Stadtrecht von 1322 in den Auseinandersetzungen 1525 (1925 erneuert). Die mächtige gotische Pfarrkirche (1522–1532), immer wieder erneuert und mit einem prächtigen barocken Hochaltar (1704), und die evangelische Kirche (1852–1862) mit ihrem charakteristischen Turm prägen das Bild der Stadt. Einige Reste der 1629 erneuerten Stadtmauer und das Salzburger Tor. Dienstag- und donnerstagnachmittags geöffnet das Stadtmuseum.
Schladming, die zum Dachstein führende Hochebene *Ramsau* und das gegenüberliegende *Rohrmoos* bieten im Sommer und vor allem im Winter alles, was ein Gast in einem Fremdenverkehrsgebiet von Rang erwarten darf. Am Hauptplatz die empfehlenswerte »Alte Post«. Hallenbad, Tennis (auch Halle), Paddelmöglichkeiten auf der Enns, Fahrradverleih. Von der Ramsau aus eine Gondelbahn auf den Dachstein, die den Gast in die Gletscherregion (2700 m) bringt, wo das ganze Jahr über die Möglichkeit zum Gletscher-Skifahren besteht. 60 Skilifte in der gesamten Region und dazu die Seilbahn auf die Planai, von der es die berühmte, angeblich schnellste WM-Abfahrtsstrecke der Welt gibt. Skischule, Langlaufloipen, Rodelbahnen.
ⓘ Fremdenverkehrsverband ›Dachstein-Tauern-Region‹, A-8970 Schladming.

Admont ⑨

Das ›Tor zum Gesäuse‹ (Marktrecht 1443) mit dem berühmten Benediktinerstift. Nachdem die Stiftskirche (Ursprung 11. Jh.) mitsamt Kloster und 20 Häusern abgebrannt waren, wurde das Münster bis 1869 nach dem Muster des Regensburger Domes neugotisch wiedererrichtet. Erhalten blieb die prachtvolle barocke Stiftsbibliothek (um 1775). In den Stiftsgebäuden auch ein naturhistorisches und ein Heimatmuseum (täglich außer montags von Mai bis Oktober geöffnet).
In der Nachbarschaft *Frauenberg* mit seiner spätgotischen Wallfahrtskirche (um 1490 und 1769) sowie *Schloß Röthelstein:* Die ›schönste Jugendherberge Europas‹ wurde bis 1657 für den Admonter Abt errichtet.
Bergsteigerschule, Reiten, Wandern, Fahrradverleih. Skilifte und -schule, Langlaufloipen, Rodeln.
ⓘ Verkehrsverein A-8911 Admont.

Kon

Altes und Neues harmonieren im oberen Murtal. Hier steht die Murtalbahn wie zu Großvaters Zeiten unter Dampf, dort kämpfen bei Zeltweg die schnellsten Rennfahrer der Welt um den Sieg. Da wird in der Krakau Brauchtum einer seit langem kaum veränderten Kulturlandschaft gehegt, gehört die Abtei Seckau seit 850 Jahren zu den Bewahrern kirchlichen Geistes, und in Judenburg besitzt die Industrialisierung Brückenköpfe.

Foto: Die Murtalbahn am Ortsrand von Murau.

-aste im oberen Murtal

△ Murau an der Mur mit Schloß und Kirche

△ Holz ist nach wie vor ein bedeutender Wirtschaftsfaktor in der noch zu 60 Prozent bewaldeten Steiermark ▽

△ Das erste Frühlingsgrün

Die steirischen Pferdehändler treffen sich alljährlich in Schöder ▽

Nadelholz beherrscht den steirischen Bergwald ▽

Mit der Mur durch das Oberland

Wenn die Mur an der Front der alten Bürgerhäuser von Murau vorüberrauscht, hat der steirische Hauptfluß auf seinem Weg aus dem Salzburgischen schon einiges hinter sich. Er hat den gischtenden Turrachbach aufgenommen, der von der Turracher Höhe kommt, einem wunderschönen Ski- und Wandergebiet rund um einen romantischen Gebirgssee an der Grenze nach Kärnten. Und er hat einen eigenartig geprägten Landesteil durchflossen, das Oberland, mit prächtigen Kirchen in Ranten und Schöder und in St. Peter am Kammersberg. Dieses Oberland ist ein fast unberührter und ungestörter Rückzugsbereich überlieferter Sitten und Bräuche.

Alte Dörfer – urige Bräuche

Etwas entfernt vom Fluß liegt die Krakau, eine sich in 1200 Meter Seehöhe dahinziehende, von Wäldern umgebene Hochebene, die mit vier Dörfern zu den urtümlichsten Ansiedlungen des Landes zählt.

Alt sind hier nicht nur die behäbigen, ja mächtigen Gehöfte, alt sind auch Brauch und Überlieferung. Da gibt es die Faschingsrennen am ›damischen Montag‹, am Rosenmontag, den aus dem salzburgischen kommende Prangerschützen-Brauch, einen Aufmarsch der farbenprächtigen Schützenkompanie mit Bärenfellmützen rund um den Riesen Samson am ersten Augustsonntag, oder um Weihnachten das St. Georgener Hirtenspiel, das Paradeis- und Schäferspiel oder das Spiel um den ägyptischen Josef.

Höhlenburg und Pracht der Gotik

Bald hinter Murau fließt die Mur durch die Ebene von Frojach und Teufenbach, die von einem Kranz bemerkenswerter Burgruinen umschlossen ist. Da ist einmal Schallaun, die alte Höhlenburg, ein Zeuge wilder Burgenromantik. Und auf dem Berggipfel ge-

△ Krakaudorf: Die Prangerschützen mit dem Samson vor der Kirche und eines der noch holzschindelgedeckten alten Bauernhäuser ▽

△ St. Lambrecht

Rantens gotische Kirche ▽

St. Peter am Kammersberg: Kirche mit Wehr-Karner ▽

Dürnstein, eine der einst zahlreichen Burgen am Neumarkter Sattel ▽

genüber in einer Höhe von beachtlichen 1180 Meter liegt die Ruine des ›Steinschlosses‹, des wohl höchstgelegenen Wehrbaues in Mitteleuropa. Aufgabe dieser wie auch der um Neumarkt und Dürnstein liegenden Festungen war es, die Straße, die vom Murtal über den Neumarkter Sattel führt, zu schützen.

Zweigt man unmittelbar hinter dem Sattel scharf nach Westen ab, so ist man bald beim Stift St. Lambrecht, einem wichtigen gotischen Kirchenbau des Landes, der seine Entstehung den Eppensteinern verdankt. Das Benediktinerstift im Thayatal war der Mittelpunkt kirchlicher Kultur, aber auch Zentrum des Kunstschaffens und der Verbreitung von Bildung und Wissen durch lange Zeit bis herauf in unsere Tage. Eine reichhaltige Bibliothek und eine wertvolle Gemäldesammlung gehören zu den vielbesuchten weltlichen Werten des Klosters.

Naturpark Grebenzen

Folgt man der Straße in Richtung Süden, gelangt man über das romantische Städtchen Neumarkt in den Bereich des Naturparks Grebenzen, der sich vom Furtnerteich auf der einen Seite bis hin zum Zirbitzkogel und auf der anderen zur Grebenzen als unverbildet erhaltene Landschaft darbietet.

Aber zurück zur Mur und ihrem Lauf weiter gefolgt. Bald liegt etwas nördlich das befestigte Städtchen Oberwölz, dessen Mauern, Türme und Tore aus dem Mittelalter erhalten sind und dessen Pfarrkirche zu den Kleinodien unter den Kirchen des steirischen Oberlandes gehört.

Minnesänger Ulrichs Burg

Und dann ist man schon in Unzmarkt, überragt von der Frauenburg, vor 700 Jahren Lieblingsaufenthalt des Minnesängers Ulrich von Liechtenstein, heute freilich nur mehr Ruine. Die Liechtensteiner sind eine weitverzweigte Familie. Auch der amtierende Fürst des Zwergstaates gleichen Namens gehört dazu. In der noch erhaltenen Burg- und

△ Der Österreich-Ring bei Zeltweg, Schauplatz verschiedenster Motorsportereignisse

△ Großlobming: Reizvoll kontrastiert der Anbau am barocken Schloß

Bäuerlich die gotische Papstfigur in der Obdacher Spitalskirche ▽

Die Abteikirche von Seckau ▽

Böckl-Malereien in der Seckauer Engelkapelle ▽

△ Der Judenburger ›Campanile‹

Frauenburg: unterhalb der Liechtensteiner-Ruine die romanisch-gotische Pfarrkirche ▽

Pfarrkirche befindet sich ein bedeutendes Grabdenkmal der Stubenberger und ein Grabstein mit dem Liechtensteiner-Wappen. Der auf diesem Stein eingravierte Text aus dem Jahr 1280 ist wahrscheinlich die älteste noch erhaltene deutschsprachige Grabinschrift.

Formel 1 und Opferwagen

Im Zentrum der traditionsreichen Handelsstadt Judenburg steht der alles überragende ›Campanile‹, von dem man die beste Aussicht auf das sich nach Osten dehnende Aichfeld hat. Man sieht Zeltweg und Fohnsdorf mit dem einst tiefsten Stollen der Steiermark und dem heutigen Hauptanziehungspunkt Österreich-Ring, auf dem alljährlich am 15. August die Formel-1-Asse diese schnellste Rennstrecke der Welt frequentieren. Nahe Judenburg liegt auch der Ort, an dem der bekannteste historische Fund des Landes, der bronzezeitliche Judenburger oder ›Strettweger‹ Opferwagen, gefunden wurde, der im Grazer Joanneum zu bewundern ist.

Geist und Kunst in alten Mauern

Am Ende des Aichfeldes erreicht man die Eisenbahnerstadt Knittelfeld. Im Nordosten vorgelagert, grüßt das romantische Schlößchen Hautzenbichel von einem Hügel, das, von einem französischen Architekten geplant, auch an der Loire keine schlechte Figur machen würde.
Da darf man bei Kobenz die Abzweigung nach Seckau nicht versäumen, die zu einem wahren Wunderwerk romanischer Baukunst führt, nämlich zur dreischiffigen Basilika der Benediktinerabtei Seckau, im Volksmund der ›Dom im Gebirge‹ genannt. Mit ihr wird der Bogen gespannt von der in unserer Zeit nur noch schwer vorstellbaren Welt des Mittelalters zur heutigen Moderne. Vor allem, wenn während des Betrachtens der aus den fünfziger Jahren unseres Jahrhunderts stammenden Fresken Herbert Böckls unvermittelt gregorianische Gesänge der Mönche erklingen.

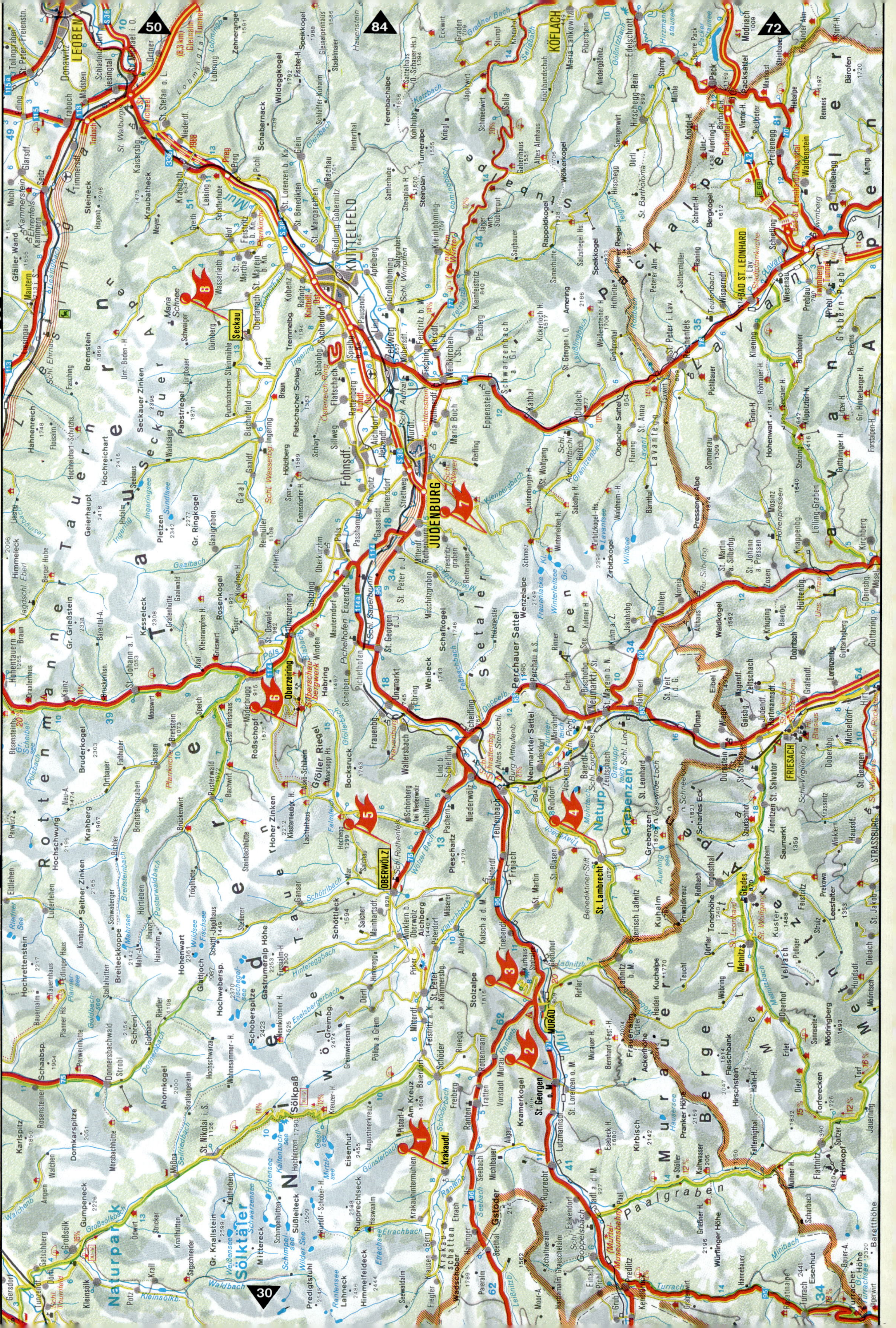
Maßstab 1:300.000
0 2 4 6 8 10 km
LEOBEN
KNITTELFELD
JUDENBURG
KÖFLACH
BAD ST. LEONHARD
Seckau
Oberzeiring
OBERWÖLZ
MURAU
St. Lambrecht
Krakaudf.
FRIESACH
STRASSBURG
Metnitz
Sölktäler
Naturpark
Naturp. Grebenzen
Seetaler Alpen
Wölzer Tauern
Rottenmanner Tauern
Seckauer Alpen
Lavanttal
Saualpe
Metnitzer Berge
Paalgraben
Gurktaler Alpen
Perchauer Sattel
Neumarkter Sattel
Obdacher Sattel
Sölkpaß
Mur
50
84
72
96
30

Wo gibt es was?

Fähnchennummer = Textnummer ⓘ = Auskunft

Die Krakau ①

Mit den Orten *Krakaudorf, Krakauschatten* und *Krakauhintermühlen* eine der ursprünglichsten Kulturlandschaften der Steiermark mit liebevoll erhaltenen Bauernhöfen. Am Fuß der Niederen Tauern gelegen, ein sehr gutes Wandergebiet. Gehegt auch das Brauchtum mit ›Faschingsrennen‹ am Faschingsmontag und Prangerschützen-Aufmarsch am ersten Augustsonntag.
Im 800 Jahre alten *Schöder* mit seiner gotischen Kirche (15. und 16. Jh.) alljährlich Ende August der größte Pferdemarkt des Landes. Auf dem Weg dorthin Abzweigung zum Günsterfall, dem höchsten Wasserfall (über 100 m) der Steiermark.
Wandern (geräumte Wege), Fahrradverleih. Langlaufloipen, Rodeln.
ⓘ Verkehrsverein Krakauebene, A-8854 Krakaudorf.

St. Georgen ob Murau ②

Zwischen den Gipfeln der Niederen Tauern und den weitläufigen Nockbergen liegt das Gebiet von St. Georgen und *St. Lorenzen.* St. Georgen – dominiert von der gotischen Pfarrkirche (15. Jh.) – wirbt ebenso wie St. Lorenzen vor allem um Familienurlauber. Im Sommer vom Schwimmen bis zum Wandern und Fahrradverleih alle Möglichkeiten, einen Aktivurlaub zu gestalten, und ausreichend Unterhaltungsmöglichkeiten. Im Winter ist vor allem der Kreischberg interessant (Sessellift). Skilifte und -schule, Langlaufloipen.
ⓘ Verkehrsverein A-8861 St. Georgen.

Murau ③

Gekrönt vom mächtigen Schloß Obermurau (um 1630; Besichtigung möglich) und der gotischen Stadtpfarrkirche mit Fresken aus dem 13. und 14. Jh., liegt die von den Liechtensteinern 1250 gegründete behäbige Stadt eingebettet in eine tiefgrüne Waldlandschaft. Im Mittelalter war die heutige Bezirkshauptstadt ein Handelszentrum. Sehenswert die gotische Filialkirche zur heiligen Anna (15. Jh.) und das St. Leonhard-Kirchlein (15. Jh.) südlich über der Stadt, das alte Rathaus (16. und 18. Jh.) und zahlreiche gepflegte Bürgerhäuser. Teilweise erhalten die Stadtbefestigung aus dem 14. und 15. Jh. Nach Vereinbarung geöffnetes Heimatmuseum (Juli und August). Schwimmen in einem See und Hallenbad, Paddeln, Reiten, Wandern (geräumte Wege), Fahrradverleih, Fahrten mit der Murtalbahn. Skilifte und -schule, Langlauf (Nordisches Skizentrum).
ⓘ Verkehrsverein A-8850 Murau.

St. Lambrecht ④

Das im 11. Jh. gegründete Stift hatte seine Blüte um 1400 und im 17. Jh. Die gotische Stiftskirche (15. Jh.) wurde nach 1683 barockisiert. Barock auch die Stiftsgebäude; besonders sehenswert der Kaisersaal und das Refektorium. Bedeutende Kunstsammlungen und Bibliothek (täglich Führungen). Gotisch die Peterskirche (15. Jh.) und die ehemalige Schloßkapelle (1418).
St. Lambrecht gehört mit Mariahof, St. Blasen, St. Marein und Neumarkt zum Einzugsgebiet des Naturparks Grebenzen. Fahrradverleih, Wandern und Reiten. Skilifte, sehr gute Langlaufloipen, Eisschießen, Rodeln. Empfehlenswert der »Strimitzhof« an der Bundesstraße in Neumarkt.
ⓘ Verkehrsverein A-8813 St. Lambrecht.

Oberwölz ⑤

Das ehemalige Zentrum des klösterlich freisingischen Besitzes (bis 1803) an einem früheren Tauernübergang ist kleinste und älteste Stadt der Steiermark (Stadtrecht 1305), zum Großteil noch von seiner mittelalterlichen Stadtbefestigung (14.–16. Jh.) umgeben. Romanisch-gotisch die Stadtpfarrkirche (13. und 15. Jh.) mit barocker Ausstattung. In der Herrengasse ein Heimatmuseum (Öffnungszeit beim Verkehrsverein). Östlich auf einer Felsnase *Schloß Rothenfels* (Ursprung 13./14. Jh.), bis ins 19. Jh. immer wieder umgebaut (Privatbesitz).
Im nahen Lachtalgebiet (1600 m) ist vor allem der Winter reizvoll: Skilifte und -schule, Langlaufloipen, Wandern (geräumte Wege). Fahrradverleih.
ⓘ Verkehrsverein A-8832 Oberwölz.

Oberzeiring ⑥

Oberzeiring ist über 1000 Jahre alt. Einst großer Reichtum durch Silberbergbau, wobei heute noch Teile der Grube als Schaubergwerk (täglich Führungen) zu besichtigen sind, Teile als Asthmaheilstätte dienen. Der Sage nach gab es 1365 eine Grubenkatastrophe, bei der eine Vielzahl Bergleute ertrank: Durch ihren Reichtum übermütig geworden, sollen die Knappen nämlich zunächst mit Kugeln aus Silber und dann sogar einmal mit dem Kopf eines Kindes gekegelt haben.
Sehenswert die Knappenkirche (12. und 14. Jh.) mit beachtlichen Fresken aus dem 14. Jh. Gotische, später weitergebaute Pfarrkirche (12.–15., 19. Jh.).
Wandern, auch mit Bergführer. Skilifte, Langlaufloipen.
ⓘ Verkehrsverein A-8762 Oberzeiring.

Judenburg ⑦

Aus einer Burg- und späteren Kaufmannssiedlung entstand die heutige Bezirkshauptstadt (Stadtrecht 1224). Die günstige Lage an Handelswegen in alle Himmelsrichtungen brachte Reichtum und in der Folge auch kulturelle Bedeutung. Bis 1496 eine ansehnliche, wohl namengebende jüdische Gemeinde. Im 19. Jh. Stadtbrände und eine starke Veränderung durch Industrialisierung.
Die Stadtpfarrkirche in Neurenaissanceformen (14.–19. Jh.) besitzt schöne Kunstwerke. Italienisch wirkt der nahe Stadtturm (75 m; 16.–19. Jh.). In der gotischen Magdalenenkirche (14. Jh.) noch gotische Glasfenster. Die gotisch-barocke, ehemalige Jesuitenkirche (14. und 17. Jh.) beherbergt das Stadtmuseum (Öffnungszeiten beim Verkehrsverein).
Vor der Stadt die mittelalterlichen Reste der *Burg Liechtenstein,* einst Stammsitz der Liechtensteiner, denen ebenfalls die teilweise restaurierte *Frauenburg* (13. und 15.Jh.) bei Unzmark gehörte.
Frei- und Hallenbad mit Sauna, Fahrradverleih. Skilifte, Langlaufloipen. Empfehlenswert der »Lindenwirt« in Wöllmersdorf bei Maria Buch.
ⓘ Verkehrsverein, Kapellenweg 11, A-8750 Judenburg.

Seckau ⑧

Die 1140 (als Chorherrenstift) gegründete Benediktinerabtei gehört bis heute zu den bedeutenden kirchlich-kulturellen Zentren der Steiermark, allein schon als steirischer Bischofssitz (1218 bis 1782).
Trotz vieler Veränderungen zählt die 1164 geweihte Basilika zu den schönsten Zeugen der Romanik. Unter den diversen Kapellen das barocke Mausoleum für Erzherzog Karl II. von Innerösterreich (1587–1611) und die 1952 bis 1960 von Herbert Böckl mit Fresken nach Motiven der geheimen Offenbarung des Johannes ausgeschmückte Engelkapelle. Zu den vielen Kunstschätzen gehört das romanische ›Gaaler Kruzifix‹ (1220). Möglichkeit, den Mönchen beim Singen der greogorianischen Choräle zuzuhören. Im Stiftsgebäude (teilweise Stiftsgymnasium) ein zweigeschossiger Kreuzgang (um 1590) mit romanischen und gotischen Bauelementen sowie ein großer barocker Arkadenhof.
Im gepflegten Ort, der das Stift umgibt, ist vom traditionsreichen »Hofwirt« bis zum Urlaub auf dem Bauernhof jede Unterbringung gegeben. Reiten, Wandern, Bergsteigen in den Seckauer Alpen. Skilift und Langlaufloipe.
ⓘ Verkehrsverein A-8732 Seckau.

Zwischen Wa

Von Krieglach führt der Weg hinauf in die – mittlerweile sogar offiziell so benannte – Waldheimat des Dichters Peter Rosegger. In Mürzzuschlag, wo der Siegeszug des Skisports durch die alpinen Länder begann, ist ein eigenes Museum dem Wintersport gewidmet. Und unübersehbar ist im ganzen Mürztal die Stahlindustrie, die – nicht nur hier – ums Überleben kämpft. Eine eigene Welt dagegen ist das Joglland, immer noch das größte geschlossene Waldgebiet der Steiermark.

Foto: Peter Roseggers Arbeitszimmer in seinem zum Museum umgewandelten Wohnhaus in Krieglach.

ldheimat und Joglland

△ Das ehemals kaiserliche Jagdschloß von Mürzsteg . . .

△ Auf der Stanglalpe in der Waldheimat

. . . an der oberen Mürz, einem Paradies für Angler ▽

△ In der Stiftskirche steht die ›Neuberger Madonna‹ ▽

Der schöne gotische Kreuzgang des Neuberger Zisterzienserstiftes ▽

Aus der Anfangszeit des alpinen Skisports in den Alpen: ›Brettln‹ im Mürzzuschlager Wintersportmuseum ▽

Hier jagte einst Kaiser Franz Josef

Die Gipfel der hohen Veitsch und der Schneealpe umrahmen den Erholungsort Mürzsteg am klaren Wasser der Mürz. Der Reiz dieser abgeschiedenen Gegend veranlaßte einst Kaiser Franz Josef, hier ein schlichtes Jagdschloß zu errichten, das nun dem österreichischen Bundespräsidenten als Sommersitz dient.
Auf einer bequemen Wanderung gelangt man zum weiter mürzabwärts gelegenen Neuberg, dessen Münster zu den schönsten gotischen Kirchen Österreichs gehört. Im Jahr 1327 waren die ersten Mönche gekommen und hatten damit begonnen, die unwirtliche Gegend an der wilden oberen Mürz bewohnbar zu machen. Sie rodeten den Bergwald und lebten in einfachen Blockhäusern. Der Bau der steinernen Kirche zog sich bis zum Ende des 15. Jahrhunderts hin. Daß sich die Mühen gelohnt haben, wird jeder Besucher gern bestätigen, der das unverfälscht und gut erhaltene Bild einer typischen schlicht-strengen Zisterzienser-Klosteranlage bewundert.

An der Wiege des Skilaufs

Vorbei am romantischen Urlaubsort Kapellen kommt man nach Mürzzuschlag, dem Zentrum des gleichnamigen Bezirkes. Wer würde in dieser Industriestadt annehmen, daß er sich an der Wiege des alpinen Skilaufs in Mitteleuropa befindet? Am Hotel »Post« im Zentrum ist eine Tafel mit der Aufschrift angebracht: ›In diesem Hause wurde in der Winterzeit des Jahres 1890 von Max Kleinoschegg und Toni Schruf beschlossen, das Skilaufen aus Norwegen in die österreichischen Alpenländer zu verpflanzen.‹ Und bereits 1904 fand hier die erste große Skiveranstaltung Mitteleuropas statt. Vor diesem Hintergrund ist es gar nicht kurios, hier auch das 1947 von Theodor Hüttenegger errichtete Wintersportmuseum vorzufinden, Ziel zahlreicher Reisender aus aller Welt.

△ Waldheimat: Peter Roseggers Geburtshaus in Alpl

Bald 500 Jahre alt: die Sebastiankapelle von St. Marein im Mürztal ▽

△ Mitterdorfs farbenfrohes Schwimmbad ... ...und Kindbergs ›Maibaum‹ ▽

△ Die Wallfahrtskirche Maria Rehkogel bei Kapfenberg ist ein bedeutender spätgotischer Bau

△ Hinter dem Kapfenberger Flugplatz ragt Burg Oberkapfenberg auf

In Kapfenberg ist Stahlindustrie zu Hause ▽

In Roseggers Waldheimat

Im Mürztalort Krieglach steht noch Peter Roseggers Wohnhaus. Vieles erinnert an den oft als Heimatromancier mißverstandenen Dichter, von dem viel zu wenig bekannt ist, daß er für seine oft auch sehr sozialkritischen Arbeiten fast den Nobelpreis für Literatur erhalten hätte, und von dem kaum einer weiß, daß er 1914 das Angebot der britischen ›Royal Society of Literature‹, ihr Mitglied zu werden, dankend abgelehnt hat.
Von Krieglach führt der Europa-Wanderweg hinauf nach Alpl in die Waldheimat des Dichters und zu der von ihm gegründeten Waldschule.

Zeugnisse der Gegenwartskunst

Weiter geht es, begleitet von den weit zurücktretenden Hängen der Fischbacher Alpen, nach Mitterdorf, wo man beim Besuch der dortigen Landesberufsschule und ihres Internats eine große Überraschung erlebt. In diesem Haus gibt es nämlich nicht nur das größte Tafelbild eines der derzeit bedeutendsten Gegenwartskünstler der Steiermark, Wolfgang Hollegha, zu sehen, sondern auch eines der schönsten künstlerisch gestalteten Hallenbäder der Steiermark, von Professor Luis Sammer, bei dessen Betreten man sich in eine farbenfrohe exotische Landschaft versetzt fühlen kann.

Im Tal der Stahlkocher

Bald ist man dann im natürlichen Mittelpunkt des Mürztales, in Kindberg. Und wird hier wie in manchem anderen Ort des Mürztales schmerzlich daran erinnert, wie sehr die obersteirische Industrie in den Kampf ums Überleben verstrickt ist.
Nur einen Sprung ist es schließlich in die Industriestadt Kapfenberg, eine pulsierende Kommune, die gerade jetzt ganz massiv unter der weltweiten Stahlkrise zu leiden hat. Ein geringer Trost ist es dann, wenn man festhalten darf, daß 60 Prozent der Gemeindefläche aus Wald und Wiesen besteht, wodurch sich andere Chancen ergeben.

△ Blumenzier vor Mönichwalds barocker Pfarrkirche

△ Mehr Burg als Kirche: die Festenburg mit der Kreuzkapelle ▽

Das Porträt Kaiser Friedrichs III. im Stift Vorau . . . ▽

. . . und König Salomon als Bibliotheksfresko ▽

△ Wald bestimmt das Joglland

Der Erholungsort Strallegg gilt als das Blumendorf ▽

Über den Berg ins bäuerliche Joglland

Von der Waldheimat Roseggers aus sollte man einen Abstecher Richtung Süden machen, in die Erholungsgebiete des gebirgigen Teils der Oststeiermark mit den Fischbacher Alpen, dem Wechsel und dem Joglland.

Das Joglland ist das größte geschlossene Waldgebiet der Steiermark. Es wirkt noch weitgehend bäuerlich orientiert, und in ihm finden sich schmucke Orte, die in der warmen Jahreszeit in reichem Blumenschmuck und im Winter mit gepflegten Loipen und Pisten gute Erholungsmöglichkeiten für den Wanderer und Skiläufer bieten. Darunter, nicht zu vergessen, St. Jakob im Walde, dem das Joglland seinen volkstümlich klingenden Namen verdankt.

Eine Visite im Stift Vorau

Geistiges Zentrum dieses Gebietes aber ist Stift Vorau, das seine ihm gesetzte Aufgabe, einen Teil des in den mittelalerlichen Ungarnkriegen entvölkerten Gebietes am Ostrand des Reiches neu zu besiedeln, gut erfüllt hatte. Von großen Zeiten erzählen Kirche und vor allem die Bibliothek, in der es eine bedeutende Handschriften- und Bildersammlung gibt, die viele Besucher anzieht und manchen Wissenschaftler. Zum Stift Vorau gehört auch die Pfarre Festenburg, die, auf einem Felssporn errichtet, eine regelrechte Kirchenburg ist. Sie besteht aus einem Ring von Kapellen, die allesamt vom Stiftsmaler Hackhofer gestaltet wurden, einem Barockkünstler, dem der Kunstruf des Stiftes Vorau wesentlich mitzuverdanken ist. Neben dem Joglland, das bis Birkfeld reicht und in den Rabenwald übergeht, ist auch noch das weiter westlich gelegene, ausgedehnte Wandergebiet um die Teichalm und die Sommeralm diesem Teil der Oststeiermark zuzurechnen, der seine Besucher auffordert, Seele und Körper so richtig ›auszulüften‹.

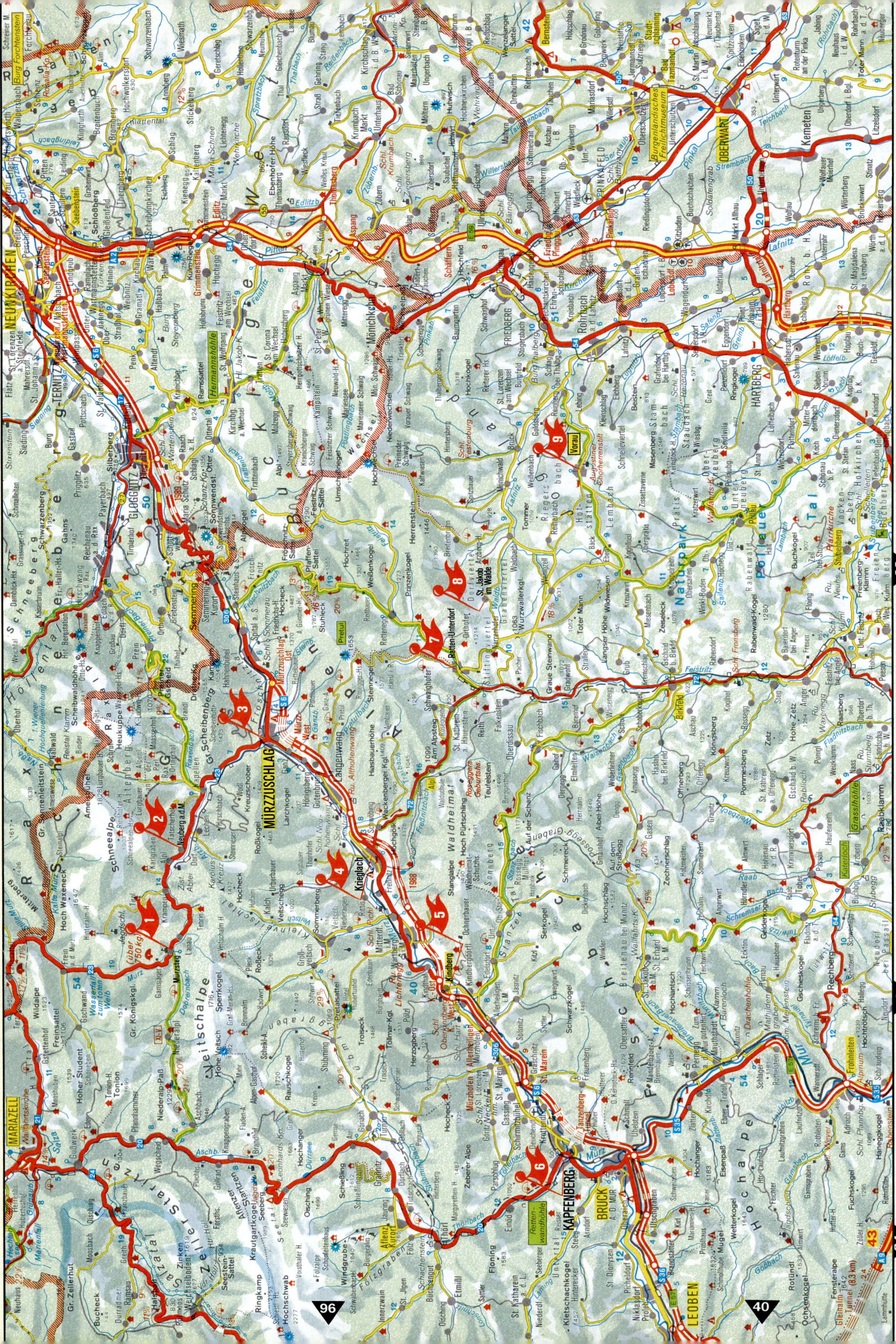

Maßstab 1:300.000

0 2 4 6 8 10 km

96
40
62
18
84

Wo gibt es was?

Fähnchennummer = Textnummer ❶ = Auskunft

Mürzsteg ①

Erholungsdorf in 783 Meter Seehöhe. Jugend-Gästehaus und ehemaliges Jagdschloß (1869 und 1902) Kaiser Franz Josefs, das heute dem österreichischen Bundespräsidenten als Sommersitz dient.
Wandernadel für Bewältigung des Erzherzog-Johann-Wanderweges nach Mariazell (25 km). Paddeln, Reiten, Fahrradverleih. Skilifte, Langlaufloipen, geräumte Wanderwege.
❶ Verkehrsverein A-8693 Mürzsteg.

Neuberg an der Mürz ②

Zu den bedeutendsten Bauwerken der Gotik in den Alpen zählt das Neuberger Münster, die im 14. und 15. Jh. erbaute Stiftskirche der Zisterzienser; gotischer Kreuzgang (14. Jh.) und Kapitelsaal (14. Jh.), in dem der Stifter Herzog Otto der Fröhliche (1339) begraben ist. Im Kreuzgang Gemälde der Äbte (17. Jh.) und besonders schöne gotische Skulpturen auf den Konsolen der Kreuzrippengewölbe. Im Münster bemerkenswerte Barockaltäre und Reste von gotischen Flügelaltären. Über der Kirche wölbt sich der größte erhaltene gotische (Holz-) Dachstuhl, der bekannt ist. Naturkundemuseum (Öffnungszeiten beim Verkehrsverein) in dem als Klostersiedlung entstandenen Ort. Alljährlich die ›Neuberger Kulturtage‹ mit Konzerten von Klassik bis Jazz. Ein angenehmer kleiner Ferienort das benachbarte *Kapellen*. Freibad, Badesee, Surfen, Fahrradverleih, Paddeln auf der Mürz. Skilifte, Skischule und Kindergarten, Langlaufloipen.
❶ Verkehrsverein A-8692 Neuberg.

Mürzzuschlag ③

1227 wurde die heutige Bezirkshauptstadt erstmals erwähnt. Seit 700 Jahren Eisenindustrie. Einkaufszentrum der Region.
Barock die Pfarrkirche (um 1770) mit dem Turm des gotischen Vorgängers. Interessant das Wintersport- und Heimatmuseum in der Wiener Straße (montags geschlossen); dort auch das Brahms-Haus mit Gedenktafel: Brahms komponierte hier seine 4. Symphonie. Empfehlenswert der »Grüne Baum« in der Grazer Straße. Gute Wintersportmöglichkeiten in der Umgebung, vor allem in *Spital am Semmering*.
❶ Verkehrsverein A-8680 Mürzzuschlag.

Krieglach ④

Hier hat Peter Rosegger (1843–1918), von vielen fälschlicherweise als Heimatdichter eingestuft, gelebt, und unweit von hier in *Alpl* in der Waldheimat ist er geboren worden. In einem bescheidenen Grab auf dem Krieglacher Friedhof hat er seine letzte Ruhestätte gefunden. Sein Arbeitszimmer ist unverändert erhalten (heute Museum; täglich geöffnet); es gibt eine eigene Rosegger-Dokumentation. Krieglach hat eine schöne Pfarrkirche (14.–18. Jh.), zu einem Teil spätgotisch, zum anderen barock.
Frei- und Hallenbad, Wandern, Reiten. Skilifte, Langlaufloipen, Rodeln. Empfehlenswert der »Waldheimathof Bruggraber« in Alpl.
❶ Verkehrsverein A-8670 Krieglach.

Kindberg ⑤

Es ist ein symbolträchtiger und freundlicher Gruß, der einem vom farbenprächtigen ›Maibaum‹, dem Wahrzeichen von Kindberg (1232 planmäßig gegründet), mitten auf dem schön geschlossenen Hauptplatz entboten wird. Besonders sehenswert die Pfarrkirche, zum Teil von einer mittelalterlichen Wehranlage umgeben und um 1770 barock umgebaut, und das wunderschön restaurierte Barockschloß Oberkindberg (17. und 18. Jh.) mit Kapelle, einem Montanmuseum und ständig wechselnden Ausstellungen (außer montags jeden Nachmittag geöffnet von Ostern bis Oktober). Traditionsreich die kulturelle Veranstaltung ›Kindberger Kirchtag‹ alle zwei Jahre Mitte Juli (wieder 1989). Freibad, geführte Bergwanderungen, Tennis (auch Halle). Skilifte, Langlaufloipen, Rodeln.
❶ Verkehrsverein A-8605 Kindberg.

Kapfenberg ⑥

Europastadt, Böhlerstadt, Stadt der Begegnung sind drei Titel, die diese Stadt trägt. Urkundlich erstmals 1145 als Burgsiedlung erwähnt, erinnert heute noch viel an die Geschichte. So besonders Burg Oberkapfenberg (wohl 14. Jh.; heute Burghotel), in ihrer Nähe die Loretto-Kapelle aus dem 17. Jh., der Hauptplatz, umgeben von schönen alten Gebäuden, darunter das Alte Rathaus aus der Spätrenaissance und Schloß Unterkapfenberg, heute Stadthaus. Die Pfarrkirche, erbaut um 1330 im Stil der Spätgotik (um 1755 barock erweitert), mit hervorragender Rokokoeinrichtung. Die Pfarrkirchen in Wolfersam und in Schirmitzbühel sind interessante Beispiele moderner Kirchenarchitektur, die Volksschule Wolfersam ein Beispiel für gelungenen modernen Profanbau. An den Stahlindustriellen Böhler erinnern Fabrikanlagen aus der Zeit vor dem Ersten Weltkrieg.
Frei- und Hallenbäder, Reiten, Tennis (auch Halle), Segelfliegen, Bergsteigen. Skilifte, Langlaufloipen, Rodeln.
❶ Verkehrsverein A-8605 Kapfenberg.

Ratten ⑦

Ratten wie auch *Rettenegg* im oberen Teil des Feistritztales bieten ideale Wandermöglichkeiten in die Ausläufer des Wechsels und der Fischbacher Alpen. Ausflugsmöglichkeiten auch in die Waldheimat.
Hallenbäder und eine qualifizierte Gastronomie in anheimelnden Familienbetrieben. Langlaufloipen und Fahrradverleih (auch in Rettenegg). Für Gäste mit jagdlichen Ambitionen bietet Rettenegg ein 300 Hektar großes Wildschweingatter.
❶ Verkehrsverein A-8673 Ratten.

St. Jakob im Walde ⑧

Nach diesem Ort ist das Joglland, das größte geschlossene Waldgebiet der Steiermark, benannt. Seit dem 12. Jh. häufig von Schicksalsschlägen heimgesucht: Ab dem 16. Jh. kamen die Türken, 1650 die Pest, 1886 brannte der Ort mitsamt der Kirche nieder, und im Zweiten Weltkrieg wurde St. Jakob wieder ein Raub der Flammen. Die 1948 wiederhergestellte Kirche mit unterschiedlicher Einrichtung, zum Teil aus der ehemaligen Jesuitenkirche zu Judenburg.
Reizvolle Wandermöglichkeiten in die Umgebung, Tennis (auch Halle) und Hallenbad. Langlaufloipen, Skilifte, Skischule.
❶ Verkehrsverein A-8255 St Jakob.

Vorau ⑨

1163 gegründetes Augustiner-Chorherrenstift mit großer Tradition und mächtiger Barockkirche (17. Jh.), die zu den schönsten des Landes zählt. Ebenfalls aus dem 17. bis 18. Jh. die Stiftsgebäude. Berühmte Stiftsbibliothek mit 17000 Bänden und mehr als 400 bedeutenden Handschriften. Montags geschlossen das Heimatmuseum.
Zu Vorau gehört die weiter nördlich gelegene *Festenburg* (14.–18. Jh.), eigentlich eine Kirchenburg, bestehend aus einem Kranz von sechs Kapellen, die vom Vorauer Stiftsmaler Johann C. Hackhofer ausgestattet wurden.
Vorau ist aber auch ein beliebter Urlaubsort. Frei- und Hallenbad, Wandern (Vorauer Wandernadel), Sommerstockschießen. Skilifte auf den Messenberg, Langlaufloipen, Eislaufen und Eisstockschießen.
❶ Verkehrsverein A-8250 Vorau.

Im Osten

Der landschaftliche Reiz und die historische Größe der Oststeiermark werden nicht auf den ersten Blick offenbar. Es sei denn im Frühjahr. Dann ist der ›Hofzaun des Reiches‹ bedeckt von dem Blütenmeer der Obstbäume, überragt von einer Kette alter Grenzburgen. Zu den eher verborgenen Schätzen gehören die Mineral- und Thermalquellen, die in der sogenannten Heilbäderecke des Landes großen Aufschwung nahmen.

Foto: Bäuerliches Stilleben in Zöbing an der Raab.

Blüten, Burgen, Bäder

△ Pöllaus Wahrzeichen: die ehemalige Stiftskirche mit ihrer mächtigen Kuppel

△ Die Wallfahrtskirche Pöllauberg mit der Annenkapelle

△ Eine prachtvolle Einrichtung und ein schöner Arkadenhof: Schloß Kornberg ▽

△ Gleisdorfer Hauptplatz: Pfarrkirche und gründerzeitliche Sparkasse — Üppiger Barock in Hartberg ▽

Am jahrhundertealten Hofzaun des Reiches

Der Betrachter, der seinen Blick vom Wechselgebirge oder von den Fischbacher Alpen über das Joglland hinuntergleiten läßt, über die tiefgrünen Bergwälder und die immer sanfter abfallenden Hügel, schaut – nach Humbert Fink – ›auf eines der zu Unrecht halb vergessenen Gebiete, dem mehr Reiz des Landschaftlichen und mehr historische Größe innewohnt als vielen berühmteren Provinzen‹. Er blickt hinunter auf den Obstgarten des Landes, ›im Frühjahr, nachdem die Hügel aus der Umarmung des Winters erwacht sind, unter Millionen von Blüten wie unter einem verspäteten Schnee ruhend‹, berstend in der Frucht des hohen Sommers und leuchtend in der Glut herbstlicher Verfärbung. Er schaut auf einen scheinbar stillen Garten am Rand der Welt und ahnt kaum, daß dieser einst das Bollwerk des christlichen Abendlandes war, das immer wieder neu seine Standfestigkeit beweisen mußte. Doch gab es hier nicht nur wehrhafte Burgen und ein tapferes Grenzvolk. Auch in geistlichen und geistigen Zentren wurde am ›Hofzaun des Reiches‹ Grenzposten bezogen und wichtiges Kulturgut in unsere Tage herübergerettet.

Ferien im Thermenland

Besonders genannt werden müssen die im südöstlichen Teil der Steiermark gelegenen Heilbäder, die ihre Existenz einer glücklicherweise längst vergangenen geologischen Epoche verdanken. Kaum ein Besucher wird sich angesichts des gepflegten Kurparks von Bad Gleichenberg mit dessen exotischer Flora vorstellen können, daß gerade hier Vulkane Feuer und glühende Lava spuckten. Als kleinen Nachklang gibt die Erde hier und dort heißes Quellwasser frei, mittlerweile an verschiedenen Orten als Heilthermen genutzt und in Bad Radkersburg beispielsweise immerhin um 80 Grad Celsius warm.

△ Bad Radkersburgs barocker Hauptplatz

Brunnenhof des Riegersburger Hochschlosses ▽

△ Im Bad Radkersburger Aquila-Handwerkshof

△ Bad Gleichenbergs Kurpark . . .

. . . und im Loipersdorfer Erlebnisbad ▽

Die Festung der Gallerin: Blick von Westen auf das einst Kronegg genannte Hochschloß der Riegersburg ▽

Und selbst die Riegersburg ist ein ›Denkmal des Vulkanismus‹. Sie erhebt sich nämlich auf einem – im Gegensatz zum einst umliegenden Gestein nicht verwitterten – Vulkanschlotpfropfen.
Doch zurück zu den Heilbädern. Ältestes und wohl bekanntestes ist Bad Gleichenberg, dessen Thermen bereits die Römer nutzten, die ja bekannterweise einen sehr wachen Sinn für Heilquellen hatten. Später geriet der Brunnen in Vergessenheit und wurde erst im 16. Jahrhundert wiederentdeckt. Eine heilkundige Zigeunerin wußte sich bei der Behandlung eines jungen Grafen des warmen Wassers zu bedienen – so heißt es. Doch richtig florierte der Kurbetrieb erst im letzten Jahrhundert, Blütezeit für auch so manch anderen, mondänen Badeort. Ein wenig von dieser biedermeierlichen Atmosphäre konnte sich das Heilbad bis heute erhalten.
Daß es mit den herkömmlichen Kurangeboten in der heutigen Zeit meist nicht getan ist, haben manche Heilbäder schmerzlich lernen müssen. Nicht so Waltersdorf zwischen Hartberg und Fürstenfeld, das seinen Bekanntheitsgrad ständig erweitert, und Loipersdorf, das mit seinen Angeboten vom ›altrömischen Schafflbad‹ bis zum modernen Erlebnisbad schon weithin bekannt ist. Und dann erst Bad Radkersburg, das mit seinem prachtvollen Stadtbild glänzen kann, ausgezeichnet für seine vorbildliche Denkmalpflege.

Bollwerk des Abendlandes

Was sich heutzutage als freundliche Erholungslandschaft Oststeiermark darbietet, war durch viele Jahrhunderte das Bollwerk des christlichen Abendlandes gegen die heranstürmenden Feinde aus dem Osten. Dies erkennt man heute noch an der großen Zahl wie auf einer Perlenkette aufgereihter Burgen und Schlösser, die hier den Angriffen der Feinde standgehalten haben. Von Norden beginnend, muß die Festenburg noch einmal erwähnt werden, dann Neuberg und das Barockschloß Schielleiten, mit dem

△ Wehrhaft im Feistritztal: Schloß Herberstein

△ Stadllucken-Detail

Heimische und exotische Tiere: Herbersteiner Tierpark ▽

Barocke Schlösserpracht zeigt die Anlage von Schielleiten ▽

△ Bäuerliche Stadl-Architektur

Repräsentative barocke Schloßbaukunst in Kirchberg ▽

eine besonders gruselige Geschichte verbunden ist. Nahe dem heutigen Barockschloß stand nämlich einst eine wehrhafte Burg, die viele bedeutende Persönlichkeiten in der Reihe ihrer Besitzer hatte. Unter ihnen befand sich Mitte des 14. Jahrhunderts ein Wulfing von Schielleiten. Dieser lebte mit seinem Bruder so in Zank und Hader, daß er ihn schließlich in einem Kessel mit siedendem Wasser ermordet haben soll. Diese – allerdings nie bewiesene – Darstellung kam auf, nachdem man um 1790 in einem Keller der Burg einen großen kupfernen Kessel entdeckte, in dem sich das Gerippe eines Mannes befand.

Herberstein und Riegersburg

Die mächtige, auf einem Fels liegende Burg Herberstein macht am schönsten die Entwicklung von einem romanischen Turmhaus zum barocken Prunkschloß sichtbar. Und schließlich die Riegersburg, die auch heute noch mächtigste Festung des Landes und – nach den Worten der türkischen Gegner – das ›zu allen Zeiten bedeutendste Bollwerk der Christenheit‹.

Mit der Riegersburg ist der Name jener umstrittenen Frauengestalt verbunden, die das riesige Festungswerk erbauen ließ. Es war die Freifrau von Galler, welche, nachdem sie die Burg geerbt hatte, bis 1653 deren großzügigen Ausbau vorantrieb. In diesem Jahr ließ die Gallerin, die zwei Ehegatten durch Tod verloren hatte, ehe sie 57jährig den 25jährigen Hanns Rudolf von Stadl heiratete, über das Eingangstor der Burg schreiben: ›Was ich in 16 Jahren hier hab lassen bauen / das ist wohl zu sächen und anzuschauen / kain Taller mich nicht reuen tuet / ich mains dem Vatterland zu guett / anno domini 1653.‹

Der Tod der Gallerin

Aber auch die dritte Ehe der machtgierigen und ständig in Prozesse mit dem Klerus verwikkelten Gallerin, die indirekt auch in die Hexenverfolgungen verstrickt war, hielt nicht lange.

△ Sonnenuhren auf einem Taubenschlag

△ Erzherzog-Johann-Stiege nennt sich diese Form der Außentreppe

△ Das Obstgebiet um Anger, . . .

. . . beliebt auch bei Ballonfahrern ▽

△ Angers barocke Mariensäule

Das 700jährige Straden wird von seinen drei barockisierten Kirchen überragt ▽

Der junge Freiherr, der seine Gemahlin an Herrschsucht und Gier noch übertraf, trieb es vor allem nach der Schenkung der Burg durch die Gallerin an ihre Tochter aus erster Ehe im Jahr 1668 so bunt, daß es ihr gelang, die Scheidung durchzusetzen, die 1670 sogar vom Kaiser bestätigt wurde. Zwei Jahre später starb die Freifrau von Galler, die immer den Anspruch erhoben hatte, die alleinige Erbauerin der Riegersburg zu sein, an einem Schlaganfall.

Türken, Pest und Heuschrecken

Alle Zeiten haben in der Steiermark herausragende Persönlichkeiten hervorgebracht, deren Einzelschicksale bis heute Interesse wecken. Doch auch die vielen Ungenannten hatten einen harten Überlebenskampf zu bestehen, gerade in der Oststeiermark. Die Ereignisse in der zweiten Hälfte des 15. Jahrhunderts belegen das anschaulich.
Nachdem der Aufstand gegen den Kaiser unter Andreas Baumkircher 1471 mit dessen Hinrichtung geendet hatte, fielen im selben Jahr noch die Türken ein, gefolgt von den Ungarn. Letztere blieben fast 20 Jahre marodierend im Land. Einen zweiten, erheblich schwereren Türkeneinfall mußte die Region 1480 erdulden. Was übrig blieb, fraßen die Heuschrecken, die von der Pest abgelöst wurden. Kein Wunder, daß das Land in diesen 50 Jahren völlig verarmte und sich nur schwer erholte.

Bilder vergangener Zeit

Selbst 200 Jahre später hatte man noch nicht genügend Geld, um das Angebot des Kupferstechers Georg Matthäus Vischer anzunehmen, Burgen und Schlösser, Städte und Märkte für die Nachwelt zu verewigen. Und das, obwohl er pro fertige Kupferplatte nur sechs Gulden verlangte. Erst Jahre später war das nötige Geld aufgetrieben, so daß unserer Zeit eine umfassende Darstellung der Steiermark des 17. Jahrhundert vorliegt – eine längst nicht nur für Forscher interessante Sammlung.

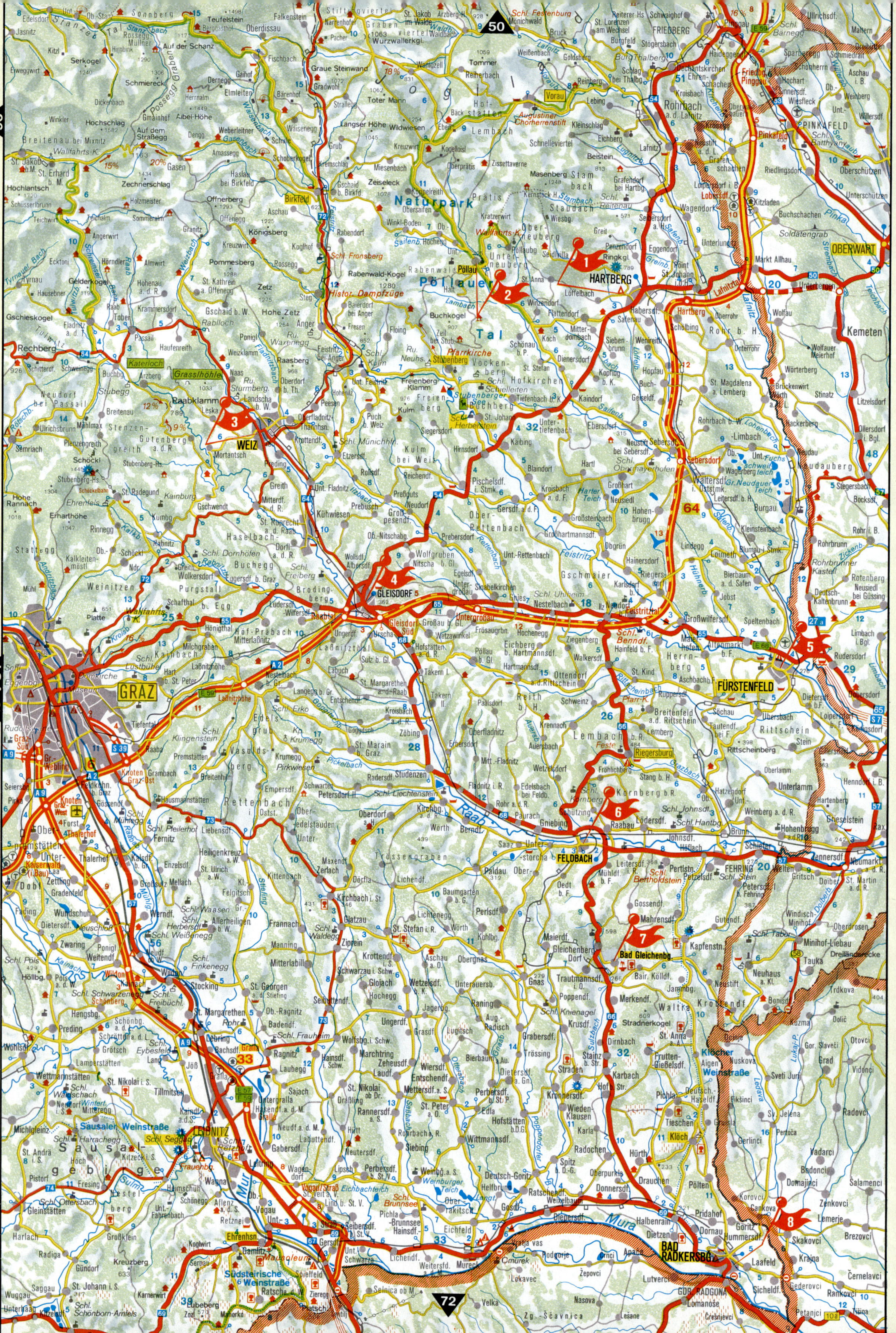

50
96
84
18
72
Maßstab 1:300.000
10 km
GRAZ
WEIZ
GLEISDORF
HARTBERG
FÜRSTENFELD
FELDBACH
OBERWART
PINKAFELD
FRIEDBERG
Bad Gleichenbg.
BAD RADKERSBG.
LEIBNITZ
Riegersburg
Pöllau
Naturpark
Pöllauer
Tal
Stubenberg
Birkfeld
Kemeten
Rechberg
Sausal
Raab
Mura
Mur
Südsteirische Weinstraße
Sausaler Weinstraße
Klöcher Weinstraße
Schl. Herberstein
Lafnitz
Feistritz
Sebersdorf
Leibnitz
Ehrenhausen
Mureck
GOR. RADGONA
Lendva
Dreiländerecke

Wo gibt es was?

Fähnchennummer = Textnummer ⓘ = Auskunft

Hartberg ①

An der Stelle einer römischen Siedlung wurde um 1125 die bereits vorher bestehende Stadt planmäßig neu angelegt; von großer Bedeutung für die ganze Steiermark und nicht nur Grenzfeste nach Osten. Teile der Stadtbefestigung (13. und 14. Jh.) erhalten, vor allem zwischen dem Reckturm und dem Renaissanceschloß (Besichtigung möglich), im 16. und 17. Jh. anstelle einer mittelalterlichen Burg errichtet. Die Pfarrkirche, zuerst romanisch (12. Jh.), dann in der Gotik erweitert, wurde um 1750 barockisiert; unter dem Bau wurden Reste einer römischen Villa (um 200) entdeckt. Neben der Kirche der romanische Karner (12. und 13. Jh.), um 1890 neuromanisch restauriert. Viele alte Häuser in dörflichem (16.–18. Jh.) und bürgerlichem Stil (18. und 19. Jh.).
Etwas östlich die Landsommerfrische *St. Johann in der Haide* mit ausgedehntem, waldigem Wandergebiet (Freibad, Fahrradverleih). In Hartberg Frei- und Hallenbad, Tennis (auch Halle), Fahrradverleih. Wanderung auf den Aussichtsberg Ringkogel. Langlaufloipen.
ⓘ Verkehrsverein A-8230 Hartberg.

Pöllau ②

Der Urlaubsort im Naturpark Pöllauer Tal entstand vor 800 Jahren als Burgsiedlung. 1482 wurden Burg und Dorf den Augustiner-Chorherren gestiftet. Ende des 17. Jh. die barocken, ehemaligen Stiftsbauten anstelle der Wasserburg errichtet, die mächtige, mit schönen Fresken ausgemalte frühere Stifts- und heutige Pfarrkirche von 1701 bis 1712. Auf dem Hauptplatz eine barocke Mariensäule, gegenüber das Rathaus (16./17. Jh.) mit Pranger (um 1600).
Nicht weit die prachtvolle hochgotische Wallfahrtskirche *Pöllauberg* (1339 bis 1374). Weiter südlich das barocke *Schloß Schielleiten* (um 1735; heute Landessportschule) und das nie zerstörte *Schloß Herberstein* (13., 16. und 17. Jh.), samt Tierpark zu besichtigen (wechselnde Öffnungszeiten).
Freibad und Fahrradverleih in Pöllau, Stubenberger See mit allen Wassersportmöglichkeiten, Wandern. Langlaufloipen.
ⓘ Verkehrsverein A-8225 Pöllau.

Weiz ③

Die heutige Bezirkshauptstadt wurde 1188 an bereits seit frühgeschichtlicher Zeit besiedelter Stelle gegründet. Die Lederergasse erinnert an ehemaliges Gewerbe, Industriebauten an heutiges. Am und um den Hauptplatz diverse Renaissance- und Barockhäuser sowie die gotische Kirchenburg (15. und 17. Jh.) mit der romanisch-gotischen, später barockisierten Kirche (12.– 18. Jh.). Schloß Ratmannsdorf (um 1560) dient heute als Gerichtsgebäude.
Den Weizbach aufwärts der Ferienort *St. Kathrein am Offenegg* mit umfangreichen Angeboten, vor allem Wandermöglichkeiten. In Weiz Freibad, Sauna, Tennis (auch Halle). Langlaufloipen, Eisschießen, Kunsteisbahn. Fahrten mit der Feistritzbahn.
ⓘ Fremdenverkehrsverband ›Weizer Ferienland‹, Hauptplatz, A-8160 Weiz.

Gleisdorf ④

Das ›Tor zur Oststeiermark‹ (von Graz aus gesehen) ist über 750 Jahre alt. Der seit jeher wichtige Straßenknotenpunkt wurde mehrmals von Pest, Heuschrekken, Türken und Kuruzzen heimgesucht. Aus der Renaissance die Stadtpfarrkirche (1648–1672), Ende des 19. Jh. erheblich vergrößert. Die Marienkirche wurde von 1744 bis 1747 anstelle einer alten Wallfahrtskirche erbaut (spätbarocke Einrichtung). Mariensäule zum Gedenken an die Türkenschlacht bei Mogersdorf, errichtet 1665. Das Rathaus, 1895 vollendet, ist ein historistischer Repräsentativbau; im Dachgeschoß Heimatmuseum (unter anderem Ausgrabungsfunde aus römischer Zeit; Öffnungszeiten beim Verkehrsverein).
Wellenbad, Tennis- und Sporthallen, Reitclub, Wanderwege. Langlaufloipen.
ⓘ Fremdenverkehrsverein A-8200 Gleisdorf.

Fürstenfeld ⑤

Auch die heutige Bezirkshauptstadt war um 1170 als Glied der Befestigungskette gegen Osten planmäßig angelegt worden (Stadtrecht um 1220). Noch deutlich erkennbar die im 16. Jh. erneuerte Befestigung, vor allem bei der ehemaligen Burg (17. –19. Jh.; heute Tabakfabrik); im Grazer Tor (16.–20. Jh.) heute das Rathaus. 1947 wurde die barockisierte, ehemalige Johanniter-Ordenskirche (13. und 18. Jh.) wiederhergestellt; barockisiert auch das benachbarte, im Kern mittelalterliche Ordensschloß.
Seit 1972 sprudelt in *Loipersdorf* ein Thermalbrunnen; dort moderne Kureinrichtungen.
In Fürstenfeld Frei- und Hallenbad, Tennis (auch Halle), Fahrradverleih. Organisierte Tages- und Mehrtagesritte (von Ilz, Schloß Benndorf, Söchau und Blumau), Wandern (Wanderwegenetz-Übersichtskarte).
ⓘ Bezirksfremdenverkehrsverband, Realschulstraße 1, A-8280 Fürstenfeld.

Feldbach ⑥

Der im 12. Jh. gegründete Markt, heute Bezirkshauptstadt, hatte einen wehrhaften Charakter. Daran erinnern Mauerreste um die um 1900 erneuerte Pfarrkirche; in den Speicherbauten der früheren Kirchenburg (15. und 16. Jh.) heute das Fischerei- und Heimatmuseum (montags und von November bis April geschlossen).
Nördlich das barock ausgebaute *Schloß Kornberg* (12.–18. Jh.; Privatbesitz) und die weitläufige und mächtige *Riegersburg*, seit ihrer Gründung im 12. Jh. bis ins 18. Jh. immer wieder den festungsbaulichen Erfordernissen und dem jeweiligen Zeitgeschmack angepaßt (beide zu besichtigen). Raabaufwärts *Kirchberg* mit seinem um 1710 anstelle einer Kirchenburg errichteten Barockschloß (Privatbesitz).
ⓘ Arbeitsgemeinschaft Fremdenverkehr, Hauptplatz 30, A-8330 Feldbach.

Bad Gleichenberg ⑦

Beim gleichnamigen Schloß (14., 16. und 17. Jh.) 1834 von Graf Wickenburg, an den ein Marmordenkmal (1887) im exotischen Kurpark erinnert, als ›Curort‹ gegründet. Erst im 18. Jh. war die medizinische Wirkung der Quellen wiedererkannt worden.
Weitreichende Unterhaltungsangebote. Hallenbad und Sauna, Fahrradverleih. Sportliches von Wandern bis Golf.
ⓘ Verkehrsverein A-8344 Bad Gleichenberg.

Bad Radkersburg ⑧

Fünf Jahrhunderte war die Stadt (Stadtrecht 1299) Grenzfeste gegen Ungarn, bis die Befestigungen 1773 aufgelassen wurden; dennoch blieben die Anlagen (überwiegend 16. Jh.) mit Graben, Basteien und Türmen teilweise erhalten. Vom durch Handel erworbenen Reichtum, besonders im 16. und 18. Jh., erzählt eine Vielzahl historischer Bauten, die die Zerstörungen 1945 überstanden haben oder vorbildlich wiederhergestellt wurden. Seit 1978 ›Bad‹.
Gotisch ist die Stadtpfarrkirche (14. Jh.), spätgotisch die Frauenkirche (um 1640) an einem hübschen kleinen Platz. Am Hauptplatz mit seiner (Pest-)Mariensäule (1680) das Rathaus (15.–19. Jh.) mit Uhrturm und das Alte Rathaus (um 1610) mit dem Wurmbrandthaus (16. Jh.) daneben. Im früheren Zeughaus (1588) das Stadtmuseum (dienstags Führung).
Frei- und Hallenbad, Tennis (auch Halle), Fahrradverleih, Wandern.
ⓘ Verkehrsverein A-8490 Bad Radkersburg.

An

Wein- und Grenzland nach Jugoslawien ist die Südsteiermark – doch ohne Stacheldraht und Wachtürme. Die Erde schenkt hier eine Frucht, aus der selbst dort Frohsinn erwächst, wo nicht die Reichsten wohnen. Wie vor bald zweitausend Jahren schon während der römischen Herrschaft finden sich die Menschen lustig zusammen unter klappernden Windrädern zu Speis, Trank und Gesang.

Foto: Im Weinberg der Weinbauschule Silberberg bei Leibnitz.

blühenden Grenzzaun

△ Im Herbstlaub: ein Tintling

△ Hinter herbstlich rotem Weinlaub die Arkaden des Schlosses Spielfeld

△ Hügelige Rebenwelt mit einem ›Klapotetz‹ an der Südsteirischen Weinstraße ▽

△ Herbst in der Südsteiermark: im Buschenschank bei Ratsch . . . . . . und in der Soboth ▽

Durch die Jahreszeiten im steirischen Weinland

Rundum zartbewegtes Hügelland. ›Verliert man sich auf der Wanderung im Gewirr der vielen sich ähnelnden Mulden- und Hügelwellen, so vermeint man in einem weltverlorenen Land zu wandern. Denn fernab sind alle Wege des Verkehrs, und doch trägt das Land überall, wenn auch in erdversunkenen Zeichen, die Spuren menschlicher Arbeit und Siedlung.‹ So der Schriftsteller Paul Ernst.

Den geheimnisvollen Zauber dieses Landstrichs prägen zu jeder Jahreszeit andere Facetten. Ob im Frühjahr, wenn die Weinberge auf brauner Erde zartes Grün tragen, oder später, wenn sie sich im sommerlichen Glutlicht gegen ein Azur des Himmelsgewölbes neigen, in das sie wie dunkle Wegweiser hohe Pappeln strekken, beides hat seinen Reiz. Bei manch einem werden da Erinnerungen an südlichere Gefilde wach, an von Zypressenreihen gegliederte toskanische Hügellandschaften. Und so spricht man hier gern von der ›steirischen Toskana‹, wenn von der Leutschacher Gegend die Rede ist.

Die schönste Jahreszeit aber ist im steirischen Weinland der Herbst. Dann glühen die Farben der Laubbäume wie von einem inneren Feuer, während die Weinbauern besorgt auf die werdende Frucht blicken, ihre Süße abzuschätzen versuchen und manchmal mit bangem Blick zum Himmel schauen, mit der Bitte, er möge den Hagel doch ausbleiben lassen.

Das Lied der Windräder

Unter den vogelverscheuchenden Windrädern, die man hier ›Klapotetz‹ nennt, die rasselnd und hämmernd das Land mit einer eigenartigen Melodie überziehen, sitzen dann die Menschen unter Weinhecken zusammen, um den ersten Tropfen des neuen oder den letzten Tropfen des alten Weines zu verkosten oder vom halbvergorenen ›Sturm‹ zu trinken. Und sie spüren in allem die

△ Kürbiskernernte in Vogau bei Ehrenhausen

△ Hinter einem der Leibnitzer Sulmseen ragt das Schloß Seggau auf

△ Das Eggenberger-Mausoleum in Ehrenhausen und Leibnitz' Hauptplatz ▽

△ Übergang nach Jugoslawien: Spielfeld

Barocktürme in Ehrenhausen: Pfarrkirche und Rathaus ▽

ganze Kraft der Erde ebenso wie in dem schwarzen Brot, das sie mit Bauerngeselchtem oder Verhackertem essen, um die Wirkung des edlen Tropfens zumindest hinauszuzögern. Verhackertes? Das ist faschierter Bauernspeck, der, gesalzen und gepfeffert, mit Knoblauch zwei, drei Wochen ›gereift‹ ist.

Etwas später im Jahr kommen als Zuspeise zum Wein in dampfenden Schüsseln die auf Holzfeuer gerösteten Edelkastanien auf die Tafel. Zur gleichen Zeit sind da und dort in den Höfen die Frauen – in, angesichts der monotonen Arbeit, oft überraschend fröhlicher Runde – damit beschäftigt, aus den Kürbissen das Wertvollste, nämlich die Kerne, zu holen, aus denen dann das vorzügliche Kürbiskernöl gepreßt wird.

Wie so vieles ist dieses dunkelgrünliche Öl schon lange nicht mehr das Fett der Armen, das es in der Vergangenheit einmal war. Im Gegenteil, nur mühsam kommt aus drei Kilo Kernen etwa ein Liter Öl zusammen. Über das Fruchtfleisch freuen sich dann die Schweine. Ein hierzulande beliebter Salat besteht aus dicken Käferbohnen und Radieschen, übergossen mit dem herbwürzig schmeckenden Kürbiskernöl.

Auf der Grenzstraße

Das ist überall so im steirischen Weingebiet, auch entlang der Südsteirischen Weinstraße, die immer wieder mal die Grenze nach Jugoslawien bildet. Ein Staat, in dem ein ganz anderes politisches System herrscht und in dem man eine gänzlich andere Sprache spricht. Dennoch ist es eine Grenze ohne Balken oder Stacheldraht.

Das ist so in Glanz und in Schloßberg, in Leutschach, aber auch an der Sausaler Weinstraße etwas nördlich schon von Leibnitz, in Heimschuh, im höchstgelegenen Weindorf Europas, Kitzeck, oder auch in Silberberg, wo jedes Jahr wieder in der Landesweinbauschule die Weinkönigin gewählt wird, bis hinaus nach St. Nikolai im Sausal.

△ Schloß Seggau: In den Gewölben lagert der Wein, . . .

△ Römersteine sind im Schloß Seggau vermauert

△ Eibiswald: Schloßhofarkaden und »Kloepferkeller« ▽

. . . an den Schloßhängen reift – neben Wein – auch Kohl ▽

△ Ein Glasfenster von Alfred Wickenburg in Seggaus Schloßkapelle

An der Grenze: Südsteirische Weinstraße bei Langegg ▽

Die Weinstraße entlang
Zu beiden Seiten der Mur ist ein Weingarten entstanden, der in seiner Schönheit keine Vergleiche zu scheuen braucht. In seinem breitgedehnten Hügelland haben auch heute noch Ruhe, Geborgenheit und Gastfreundschaft Herrenrecht – sofern man nicht gerade an einem der gar nicht so seltenen überaus sonnigen Wochenenden zur Zeit der Lese anreist. Dann ist nicht nur die während des restlichen Jahres so stille kleine Straße ›besetzt‹, auch an den schnell herausgestellten Holztischen herrscht ungeahntes Leben.

Dort werden die Weine des Landes verkostet, Traminer, Sylvaner, Gewürztraminer und Welschriesling, die sich nicht nur unter österreichischen Weinkennern eines immer größeren Rufes erfreuen. Das liegt nicht zuletzt an der Ehrlichkeit der hier ansässigen Menschen, die den Rebensaft dieses Landstriches vor so manchem Weinskandal bewahrt haben. Doch bei aller ›Ehrlichkeit‹ sollte man die Weine nicht unterschätzen, sie sind ungemein süffig, aber auch schwer.

Die Hinterlassenschaft der Römer
Und mittendrin liegt wie eine besondere große Perle das Herz der Gegend, Leibnitz. Unweit südöstlich hatten schon – wo Wein angebaut wird, waren auch sie zu finden – die Römer ihre einzige Stadt auf dem Gebiet der heutigen Steiermark gebaut. Mit allem, was damals dazugehörte, dem städtischen Treffpunkt des Forums, Amphitheater und Tempeln: Flavia Solva, von der noch Ausgrabungsstätten und prachtvolle Grabsteine erzählen, die zum Teil auf Schloß Seggau und auch im Hof des Joanneums in Graz aufbewahrt werden. Zu Beginn des 5. Jahrhunderts sind die Römer von den wandernden Germanen vertrieben worden. Doch können besonders in der Zeit, in der die Felder umgepflügt werden, auch heute noch ›Erinnerungen‹ gefunden werden, Tonscherben und manch anderes Relikt, die dann plötzlich dem Wanderer vor den Füßen liegen.

Maßstab 1:300.000 0 2 4 6 8 10 km

Wo gibt es was?

Fähnchennummer = Textnummer ℹ = Auskunft

Schwanberg ①

Das heutige Moorheilbad entstand um 1200 als Burgsiedlung (Marktrecht 1244). Die Burg wurde 1581 durch einen Renaissance-Neubau ersetzt (heute Pflegeheim). Romanischen Ursprungs (13. Jh.) die Pfarrkirche, im 15. Jh. spätgotisch und im 19. Jh. neugotisch erweitert. Barock die Josefskirche (1685) etwas außerhalb. Am Marktplatz mit seiner Mariensäule (1717) das ehemalige Kapuzinerkloster (18. Jh.), heute Moorbad, mit seiner 1714 geweihten Kirche. Freibad, Wandern (geräumte Wege).
ℹ Verkehrsverein A-8541 Schwanberg.

Eibiswald ②

Rund 800 Jahre alter, heutiger Marktort an der nach Jugoslawien führenden Radlpaß-Straße. Vom 16. bis 19. Jh. Sensenproduktion, im 19. Jh. ein Stahlwerk. Die noch erkennbar im Ursprung romanisch-gotische Pfarrkirche wurde im 17. und 18. Jh. barockisiert. Das Schloß (Privatbesitz) mit seinem Renaissance-Arkadenhof wurde nach 1572 errichtet und im 19. Jh. umgebaut. An Hans Kloepfer (1867–1944) erinnern das Heimat- und Kloepfermuseum (montags und von November bis März geschlossen) sowie der Kloepferbrunnen (1959) davor.
Originell der »Kloepferkeller« am Unteren Markt, in dem ein Teil der Tische in Riesenfässern steht. Weitwanderweg zum Nebelstein, Wandern im endlos wirkenden Waldgebiet der Soboth mit der um 1650 errichteten Wallfahrtskirche St. Leonhard noch in gotischer Form. Freibad, Fahrradverleih.
ℹ Verkehrsverein A-8552 Eibiswald.

Arnfels ③

Der heutige Weinort, 1280 erstmals genannt, ist als Burgsiedlung entstanden. Das Schloß (Privatbesitz), bereits um 1200 als Burg vorhanden, hat sein heutiges Aussehen nach einem Brand 1424 und dann 1916 erhalten. Ein Prunkstück des südsteirischen Barocks ist die Pfarrkirche (1714–1734).
Freibad, Wandern (geräumte Wege). Langlaufloipen, Rodeln.
ℹ Verkehrsverein A-8454 Arnfels.

Leutschach ④

Der Markt (seit 1458) und Weinort hat eine römische Vergangenheit: Zwei aufgefundene ›Grabwächter‹ in Löwenform aus dem 2. Jh. zieren heute den Marktplatz vor dem Rathaus. Architektonisch eigenwillig wirkt die bis 1911 errichtete Pfarrkirche mit teilweise alter barocker Ausstattung.
Weinstuben und Buschenschenken, empfehlenswert der »Eichberger Hof« im nahen Eichberg. Freibad, Wandern auch zur Heiligen-Geist-Klamm.
ℹ Verkehrsverein A-8463 Leutschach.

Großklein ⑤

In der Umgebung des Kirchortes kann man frühester Siedlungsgeschichte begegnen. Zahlreiche Wanderwege führen zu Fundstätten aus der Hallstattzeit (vor über 2500 Jahren), beispielsweise zu den Hügelgräbern am Fuß des Burgstallkogels. Bronze- und Keramikfunde sind zum Teil heute im Grazer Schloß Eggenberg zu sehen. Aus dem 17. Jh. die Pfarrkirche.
Buschenschenken, Waldbad, Wandern im Naturschutzgebiet, Fahrradverleih. Eislaufen und Langlaufloipen.
ℹ Verkehrsverein A-8452 Großklein.

Kitzeck im Sausal ⑥

Von einem Bergrücken mitten im Weinland grüßt die Pfarrkirche (1640–1644); die Einrichtung zum Teil aus dem Barock, zum Teil aus der Zeit des Rokoko. Das in 564 Meter Seehöhe gelegene Weindorf verfügt auch über ein Weinmuseum (Öffnungszeiten beim Verkehrsverein) im alten Winzerhaus (1726) und besondere Feinschmeckerlokale, darunter der »Weinhof Kappell«, außerdem gemütliche Buschenschenken. Wandermöglichkeit an der Sausaler Weinstraße, Badeseen.
ℹ Verkehrsverein A-8442 Kitzeck.

Leibnitz ⑦

Südöstlich der heutigen Bezirkshauptstadt lag Flavia Solva, um 70 n. Chr. gegründet, um 170 und um 405 dann endgültig zerstört. ›Lippnizza‹ wurde 970 als erzbischöflich-salzburgischer Besitz (bis 1595) erwähnt und im 13. Jh. planmäßig ausgebaut (Stadtrecht 1913). Türken, Ungarn und zwei Stadtbrände sorgten dafür, daß wenig Altes blieb. Bis ins 20. Jh. wiederholt und uneinheitlich umgebaut die ursprünglich romanische (13. Jh.) Stadtpfarrkirche. Auf dem Hauptplatz eine barocke Mariensäule (1744). Über der Stadt *Schloß Seggau*, bis heute Sitz der Bischöfe von Graz-Seckau und bereits im 9. Jh. bekannt. Heutiges Bild mit teilweise erhaltenen Wehranlagen aus dem 16. und vor allem 17. Jh.; interessante moderne Kapelle (1961) mit Glasfenstern von Alfred Wikkenburg. Gemütliche Taverne und zu besichtigender Weinkeller.
Frei- und Hallenbad, Fahrradverleih, Sulmseen zum Baden, Angeln, Segeln.
ℹ Verkehrsverein A-8430 Leibnitz.

Ehrenhausen ⑧

Schönster Markt der Südsteiermark mit gut erhaltenem, vom Barock bestimmtem Ortsbild (Marktrecht 1559). Dafür sorgen Pfarrkirche (1755) und Emmabrunnen (1750) am Marktplatz, eine Pestsäule (1626) und auf halber Höhe über den Dächern das Mausoleum der Eggenberger (1609–1693). Darüber das Renaissanceschloß (12./13. und 16. Jh.).
Fast an der jugoslawischen Grenze *Spielfeld*, Musterbeispiel eines Renaissanceschlosses mit viergeschossigem Arkadenhof (16. und 17. Jh.; Privatbesitz). Benachbart der Weinort *Gamlitz* mit seiner gotischen, später barockisierten und im 19. Jh. umgebauten Pfarrkirche sowie dem Schloß Obergamlitz, überwiegend aus dem 17. und 18. Jh. (ständige Galerie und alljährliches Sommerfest). Jeden Oktober in Gamlitz ein Weinlesefest mit Umzug; in der Umgebung zahlreiche Buschenschenken. Wandern (geräumte Wege). Langlaufloipen.
ℹ Verkehrsverein A-8461 Ehrenhausen.

St. Veit am Vogau ⑨

Der heutige Ferienort war bereits im 13. Jh. in bischöflich-seckauischem Besitz. Am Kirchplatz mit seinen breitgiebeligen, teilweise barocken Bürgerhäusern der stattliche barocke Pfarrhof (1770) und vor allem die prachtvolle zweitürmige barocke Pfarr- und Wallfahrtskirche (1748–1768) mit sehr guter spätbarocker Ausstattung.
Badesee mit Wasserskilift, Wandern.
ℹ Verkehrsverein A-8423 St. Veit am Vogau.

Mureck ⑩

Die Stadt ist im 12. Jh. als Siedlung einer jenseits der Mur gelegenen Burg entstanden. Heute Ferienort und internationaler Grenzübergang nach Jugoslawien.
Unter Verwendung einiger mittelalterlicher Reste wurde um 1780 die Pfarrkirche neu errichtet; die Altäre aus der Bauzeit. Am Hauptplatz mit seinen Akkerbürgerhäusern das Rathaus (um 1670), eine Mariensäule (1668) aus der Pestzeit und das Heimatmuseum (geöffnet nach Vereinbarung) hinter historisierender Fassade.
Nicht weit die Schlösser *Brunnsee*, ursprünglich spätgotisch, doch im 17. Jh. neu gestaltet, und *Weinburg* aus dem 16. Jh. (Privatbesitz).
Flußbad und Hallenbad, Fahrradverleih, international besetzte Speedway-Rennen. Langlaufloipen.
ℹ Verkehrsverein A-8480 Mureck.

Wald und

Die Weststeiermark sei das Paradies des Landes, behaupten die Einwohner. Vielfältig und schön ist sie ohne Zweifel – und gut kochen kann man hier auch. Zu diesem Paradies gehören natürlich Weinseligkeit in den Rebenhügeln um Stainz und elegante Lipizzaner, aber auch Hochwald in rauher Bergwelt und karge Almen, wo der Boden nur das Nötigste zum Leben hergibt.

Foto: Seit bald 70 Jahren sind in Piber die weltberühmten Lipizzaner zu Hause.

Wein – Weststeiermark

△ Ein Wallfahrtsziel ist St. Pankrazen mit seiner gotischen Kirche überm Liebochbachtal

△ Voitsberger Hügelland und das Kainacher Schloß ▽

Lipizzaner-Gespanne auf dem Weg zur Vorführung ▽

Kein Fest ohne ›Tanzgeiger‹: die ›Mooskirchner Altsteirer‹ ▽

Arkaden bis unters Dach: das prächtige Renaissanceschloß von Piber ▽

Zwischen Weingärten und rauhem Bergland

Es ist ein fast ausssichtsloses Unterfangen, den vielfältigen Reiz des Landes im Bogen des steirischen Randgebirges, das als Weststeiermark bezeichnet wird, auszuleuchten. Wenn es jemandem gelungen ist, das Kaleidoskop dieser Landschaft zwischen Hochwald und Weinhügeln zu erfassen, mit goldschimmernden Kukurutz-(Mais-)Kolben unter weit vorspringenden Dächern anheimelnder Häuser, mit Bergen praller Kürbisse im Tal, Weinseligkeit zwischen Ligist und Eibiswald und schließlich dem Bergland der Stubalm, der Koralm und der Pack, wo die Bauern dem Boden das Nötigste abringen, dann war es sicher der Dichter und Arzt Hans Kloepfer.

Eine steirische Selbstdarstellung

Eine eindringliche Darstellung ist Hans Kloepfer mit dem ›Spätherbst‹ gelungen, dessen erste Strophen lauten:

›Das ist die hohe Zeit in Steyer, / wenn hell im Blau die Windmühl schnarrt / und hinterm roten Rebenschleier / die Spindel unterm Preßbaum knarrt. / Ums Haselholz die Meisen jagen, / vom hohen Anger äugt das Reh, / und drüberhin die Almen tragen, / heut über Nacht den ersten Schnee.

Des Goldes hat der Tag kein Ende, / das rings auf Frucht und Zweigen glüht, / es werden hundert braune Hände / der Arbeit und der Lust nicht müd. / Dem Auge sind die fernsten Grenzen / ein Wanderfalkenflügelschlag, / wenn sie mit leiser Sehnsucht kränzen, / den still besonnten Erntetag.

Dann ist's ein warmes Sonnenleuchten, / das spät noch hoch am Berge geht, / wenn nach dem Tal, dem nebelfeuchten, / das Dunkel aus dem Walde späht. / Ein rotes Feuer brennt im Grunde, / Rebhühner rufen sich zur Ruh, / und überm Wald zur Märchenstunde / kommt hoch der Mond im Silberschuh.‹

△ Steirisches Glaszentrum: Bärnbach

△ Bärnbachs ›Heiliger Berg‹ mit seinen barocken Kapellen

△ »Kleinhapl« in Köflach

An der Wartensteinstraße bei Ligist ▽

△ Im Bergbaugebiet: die ›Bärnbacher Bergmannskapelle‹

Maria Lankowitz: die Ankunft der Obdacher Wallfahrer ▽

Zu den edlen Lipizzanern

Die Entscheidung fällt schwer, wie und wo man mit der ›Eroberung‹ dieses Landes der Vielfalt beginnen soll. Ob mit einer Bergwanderung über die Kämme der Stubalpe, der Pack- oder Koralpe, auf hohen Almböden zwischen Latschen, Enzian und glühend rotem Almrausch. Oder vielleicht mit einem Besuch der berühmten Lipizzaner in ihrem Heimatgestüt Piber oder auf der Sommerweide auf einer Alm.

Seit 1798 werden in Piber Pferde gezüchtet, zuerst vor allem für das Militär der ›k.u.k.‹ Monarchie. Die weißen Lipizzaner freilich kamen erst 1920 in das österreichische Staatsgestüt, nachdem das seit 1580 bestehende Stammgestüt in Lipizza bei Triest mit Krain, Kroatien und Serbien an das neugegründete Jugoslawien gekommen war. Rechtzeitig waren die wertvollen Tiere nach Laxenburg bei Wien gebracht worden, gediehen aber in Piber viel besser.

Bis heute hat sich nichts daran geändert, daß die bei ihrer Geburt übrigens dunklen Junghengste zur Ausbildung in die Wiener Hofreitschule kommen, wo aber nur die Besten die Schule beenden und zur Zucht verwendet werden. Nach den restlichen und eigentlich auch wunderbaren Pferden stehen zum Kauf entschlossene Liebhaber schon Schlange.

Braunkohle und Glas

Schloß Piber, ehemals Benediktinerbesitz, liegt am Rand des weststeirischen Kohlereviers um Köflach, Voitsberg und Bärnbach. Im letzten Jahrhundert war mit dem Abbau der Braunkohle begonnen worden. Bis heute wird der fossile Energieträger im Übertagebau gewonnen, wobei Bärnbach mit seinen vollmechanisierten Anlagen als sehr fortschrittlich gilt.

Außer Kohle spielt seit langem auch Glas eine große Rolle. Bedeutend genug jedenfalls, um im Bärnbacher Glasmuseum im Jahr 1988 die große Landesausstellung ›Kohle und Glas in der Steiermark‹ zu veranstalten.

△ Aus der Spätgotik: das ›Hirschegger Münsterlein‹

△ Hinter barocken Gartenpavillons liegt Schloß Stainz

△ In Rassach

Auch im Winter beliebt: Hirschegg ▽

△ Die Hebalpe, ein gern besuchtes Langlaufgebiet

Fridolin Reif arbeitet ein Hirschegger Tischkreuz ▽

Auf die Stub- und Packalpe
Von Köflach wandert man zu Füßen des Wallfahrtsortes Maria Lankowitz durch den Sallagraben, in dem noch Sensen geschmiedet werden und Marmor gebrochen wird, hinauf aufs Gaberl und weiter ins steirische Oberland. Auf der anderen in Köflach abzweigenden Straße geht es über die Pack vorbei an den Fremdenverkehrsregionen der Hebalm und von Hirschegg. In deren Umgebung ist neben dem, was zu Recht von einer modernen Fremdenverkehrswirtschaft erwartet werden darf, noch ein urtümliches Bauernleben zu finden. Beispielsweise werden hier althergebrachte handwerkliche Geschicklichkeitsbeweise wie die Hirschegger Tischkreuze geschnitzt. Mittendrin in dieser Landschaft liegen zwei Energieträger, die auch der Freude des Wanderers dienen: Packer und Hirzmann-Stausee, die wie in einen Hochwald versetzte Fjorde wirken.

Liebe geht durch den Magen
Die Weststeiermark ist eine Gegend, in der man nicht nur fürs Auge, sondern auch für den Magen zu sorgen versteht, mit einer sehr individuellen und hochqualifizierten Gastronomie. Das beginnt mit der »Alten Post« in Söding nahe Mooskirchen und geht über das Zwei-Hauben-Lokal »Zum Kleinhapl« in Köflach weiter bis zu den vielen kleinen Gaststätten rundum, in denen man mit besonderer Freundlichkeit aufgenommen wird.

Viel gelobt und verteufelt
Längst sind während der Fahrt rechts und links der Straße Hinweisschilder aufgetaucht, man befände sich auf der ›Schilcher Straße‹, die in Ligist unterhalb des Schlosses beginnt. Sie führt über Stainz, Deutschlandsberg und Schwanberg bis nach Eibiswald durch ein Weinland, in dem eine Besonderheit regiert: die Wildbacher Rebe. Aus ihr wird der hier überall in den Straßenschenken angebotene zwiebelfarbige Schilcher gekeltert, seltener ein dunkelroter.

△ Alter Brauch: das ›Sunnawendrachn‹ im Kainachtal

△ Fröhliche Rast des ›Flascherlzuges‹

Mit bäuerlicher Vergangenheit: Bad Gams ▽

Die Stadt Deutschlandsberg wird von seiner mächtigen, teilweise als Hotel genutzten Burg überragt ▽

△ Versteckt: die mittelalterliche Burgruine von Krems

Mitten im ›steirischen Paradies‹: Bad Gams ▽

Über den Schilcher, der in seinem Glas so schön ›schilchert‹, nämlich schillert, und seine Qualitäten zu streiten lohnt sich nicht. Schilcher scheint fast eine Weltanschauungsfrage zu sein – oder Mode. Während die einen ihn als billigen Sauren verunglimpfen, gilt er den anderen geradezu als Lebenselixier, der die Starken schwach und die Schwachen stark mache. Und munter. So munter, daß wiederum andere ihm einen Großteil der Wirtshausraufereien in die Schuhe schieben.

Der Marktort im Weinland

Zum Thema Schilcher paßt vor dem Besuch von Stainz gut der kleine ›Flascherlzug‹. Zwar nur auf Schmalspur, macht er seinem Namen dennoch alle Ehre, zumal Musik und Bewirtung während der 25 Kilometer langen lustigen Fahrt ihre Wirkung meist nicht verfehlen.

Stainz selbst ist stark mit dem Namen Erzherzog Johanns verbunden, von dem bereits die Rede war. Nachdem Johann im Revolutionsjahr 1848 ein Jahr lang Reichsverweser der Frankfurter Nationalversammlung gewesen war, kam er nach Stainz, um das Schloß zu seinem Wohnsitz auszubauen. Wie der Brandhof in der Obersteiermark und das Palais Meran in Graz wurde auch Stainz zu einem Zentrum seiner vielfältigen steirischen Initiativen. Die Beliebtheit des ›steirischen Prinzen‹ dokumentiert seine Wahl zum Stainzer Bürgermeister.

Fahrt durch ein Paradies

Weiter führt die Straße durch eine mit Obst und Getreide, Kukurutz, Wein und Edelkastanien gesegnete Landschaft, vorbei an gemütlichen Bauernhäusern mit reichem Blumenschmuck – nicht umsonst entstand hier das Wort vom ›Paradies der Steiermark‹. Deutschlandsberg liegt hier unter seiner immer noch mächtigen Burg, und das kleine Trahütten ist jener Ort, in dem der zeitgenössische Komponist Alban Berg zwei Drittel seines Werkes geschrieben hat.

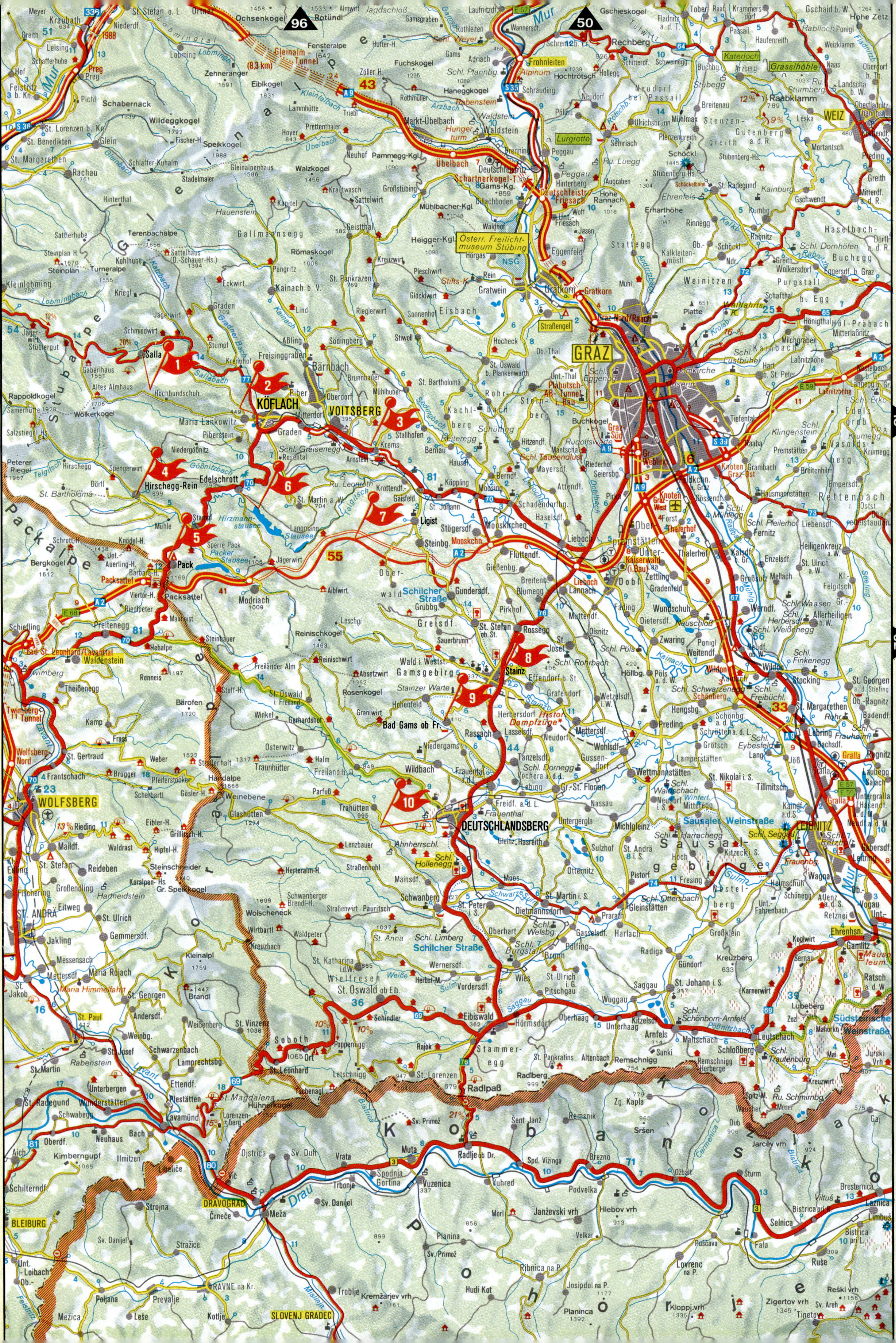
GRAZ
KÖFLACH
VOITSBERG
WOLFSBERG
DEUTSCHLANDSBERG
LEIBNITZ
WEIZ
ST. ANDRÄ
BLEIBURG
DRAVOGRAD
SLOVENJ GRADEC
Frohnleiten
Übelbach
Bärnbach
Pack
Packsattel
Stainz
Ligist
Salla
Hirschegg-Rein
Edelschrott
Bad Gams ob Fr.
Eibiswald
Radlpaß
Wildon
Gamlitz
Schlößberg
Deutschfeistritz
Gratkorn
Lieboch
Dobl
Preding
Wies
Rechberg
Gleinalm Tunnel
Österr. Freilicht-museum Stübing
Schilcher Straße
Südsteirische Weinstraße
Sausaler Weinstraße
Koralpe
Packalpe
Gleinalpe
Stubalpe
Mur
Drau
Mežica
Ravne na Kor.
Muta
Radlje ob Dr.
Vuzenica
Maßstab 1:300.000
10 km
96
50
40
54
18
62

Wo gibt es was?

Fähnchennummer = Textnummer ⓘ = Auskunft

Salla ①

Die Burgruine Klingenstein (14. Jh.), einst gleichen Namens wie der Ort und wohl zum Schutz der Stubalpstraße errichtet, und die 1245 erwähnte Pfarrkirche (im 15. Jh. erneuert) erzählen etwas von der Vergangenheit des heutigen Erholungsortes. Beim Alten Almhaus die Sommerweide der Lipizzaner.
Freibad, Reiten, Wandern. Skilifte und -schule, Langlaufloipen, Rodeln.
ⓘ Verkehrsverein A-8592 Salla.

Köflach ②

Der mittelalterliche Marktort (seit 1170) bekam im 18. und 19. Jh. nach der Erschließung der Braunkohlefelder als Industriestadt Bedeutung. Um 1645 wurde die barocke Pfarrkirche mit schöner Ausstattung aus dem 18. Jh. errichtet. Öffnungszeiten des Stadtmuseums beim Verkehrsverein.
Benachbart die barocke Wallfahrtskirche *Maria Lankowitz*, um 1680 neu erbaut, mit nahem Schloß (16./17. Jh.).
Das barocke *Schloß Piber* (1696–1728) ist seit 1920 Sitz des Lipizzanergestüts und von Ostern bis Oktober zu besichtigen. Die dortige Pfarrkirche wurde zu Beginn des 13. Jh. errichtet und spätgotisch sowie um 1630 umgebaut.
Im Bergbauort *Bärnbach* ein Glasmuseum (samstags und sonntags geschlossen), im Kainacher Renaissanceschloß (um 1550) das Burgen- und Schlössermuseum (montags und von November bis April geschlossen). Ein alter Brauch ist im Kainachtal das Sonnwendrauchen, bei dem ›Rauchzeichen‹ von Alm zu Alm weitergegeben werden.
Als bestes Restaurant der Steiermark gilt das Köflacher »Kleinhapl« (Judenburger Straße). Frei- und Hallenbad.
ⓘ Verkehrsverein A-8580 Köflach.

Voitsberg ③

Im Schutz der Burg Obervoitsberg, heute eine Ruine (Ursprung 12. Jh., 14.–16. Jh.), entstand um 1200 planmäßig der im Mittelalter bedeutende Handelsplatz an der Straße hinüber ins Murtal. Von der einst Stadt und Burg gemeinsam umschließenden Wehrmauer, die um 1450 durch Schloß Greißenegg (im 17. und 19. Jh. umgebaut) ergänzt wurde, noch Reste aus dem 14. und 15. Jh. Nach Erschließung des Köflacher Braunkohlegebietes Entwicklung zur Industriestadt; heute Bezirkshauptstadt. Barock die ehemalige Kloster- und heutige Stadtpfarrkirche (1690 bis 1708), spätromanisch und gotisch die Michaelskirche (13.–15 Jh.).
ⓘ Verkehrsverein A-8570 Voitsberg.

Hirschegg-Rein ④

Erholungs- und Skidorf um das erst kürzlich liebevoll restaurierte, spätgotische ›Hirschegger Münsterlein‹ (1490). Schwimmen im Packer Stausee, Sauna, Reiten (auch Schule), Wandern. Skilifte mitten im Ort (Nachtskilauf), Langlaufloipen. Sommer- und Wintercamping.
ⓘ Verkehrsverein A-8584 Hirschegg.

Pack ⑤

Rund um die spätgotische (um 1525), um 1765 barock umgebaute Pfarrkirche gruppiert sich die Höhensommerfrische. Der mächtige Pfarrhof war ursprünglich ein Wehrbau und wird als ›Gschloß‹ bezeichnet (12. und 16. Jh.). Prachtvoller Blick auf den Packer Stausee und hinüber nach *Modriach*, einem weiteren Erholungsort.
Schwimmen im Stausee sowie Segeln, Paddeln und Surfen, Reiten, Wandern. Skilifte und -schule, Langlaufloipen an der Hebalpe.
ⓘ Verkehrsverein A-8583 Pack.

Edelschrott ⑥

Der merkwürdige Name entstand durch Verballhornung eines slawischen Namens, der ebenso wie die im Kern romanische und bis 1790 barockisierte Pfarrkirche auf frühe Besiedlung hinweist. Heute ein Erholungsort mit herrlicher Fernsicht über die Weststeiermark.
Schwimmen im Hirzmann-Stausee (auf dem Weg dorthin eine strohgedeckte Holzbrücke), Reiten, Wandern (geräumte Wege). Skilifte, Langlaufloipen, Eislaufen.
ⓘ Verkehrsverein A-8583 Edelschrott.

Ligist ⑦

Marktort (seit 1464) am Beginn der ›Schilcher Straße‹. Über dem Ort die Ruine des Alten Schlosses (Ursprung 14. Jh.), darunter das Neue Schloß (1817), seit 1928 Malteser-Ordensschloß und heute auch Heimatmuseum (nach Vereinbarung geöffnet). Die gotische Pfarrkirche wurde 1877 vergrößert. Buschenschenken und gemütliche Gaststätten. Freibad.
ⓘ Verkehrsverein A-8563 Ligist.

Stainz ⑧

Der Marktort (seit 1372) und Straßenknotenpunkt wurde Jahrhunderte vom hiesigen Augustiner-Chorherrenstift (1229 bis 1785) beherrscht. Die ehemalige Stifts- und heutige Pfarrkirche besitzt noch die gotischen Türme des Vorgängerbaus, der barocke Rest mit hervorragender barocker Ausstattung aus dem 17. Jh. Die früheren Stiftsbauten (17. und 18. Jh.), nach 1785 in ein Schloß umgewandelt, beherbergen teilweise das Bauernmuseum des Grazer Joanneums (montags und von November bis März geschlossen) und werden auch von den Nachfahren des Erzherzogs Johann, den Grafen Meran, bewohnt.
Empfehlenswert der »Engelweingarten«. Fahrradverleih. Fahrten mit dem ›Flascherlzug‹. Langlaufloipen.
ⓘ Verkehrsverein A-8510 Stainz.

Bad Gams ob Frauental ⑨

Eine schöne Lage mitten im Grünen unweit von *Frauental*, dem Ort mit einer der besten Konditoreien des Landes (Leitner), und ein mildes ›Meraner Klima‹ zeichnen das Heilbad (seit 1980) aus (Heilquellen, Moorkuren). Seit 1382 gibt es eine Pfarrkirche; der heutige barocke Bau wurde 1735 geweiht.
Frei- und Hallenbad, Reiten, Wandern und als Besonderheit Wiesenschach.
ⓘ Verkehrsverein A-8524 Bad Gams.

Deutschlandsberg ⑩

Über 800 Jahre lag Deutschlandsberg (im Gegensatz zum ›windischen‹ Landsberg) im Zentrum eines bis 1803 zum Erzbistum Salzburg gehörenden Gebietes (Marktrecht um 1280). Ursprünglich eine Burgsiedlung, ist die heutige Bezirkshauptstadt (Stadtrecht 1918) immer noch Verwaltungsmittelpunkt und ›Marktplatz‹ der Region.
Über der Stadt die mächtige, überwiegend gotische Burg (Ursprung 12. Jh., 14.–16. Jh. und 20. Jh.), zum Teil Ruine und zum Teil Burghotel. Schön die gotisch-neugotische Kirche (um 1690) mit teilweise barocker Ausstattung. Der Hauptplatz mit barocker Mariensäule (1712) von alten Bürgerhäusern (17. bis 19. Jh.) umgeben, darunter das klassizistisch umgebaute ›Judsche Haus‹ (heute Rathaus).
Richtung Schwanberg liegt das *Schloß Hollenegg*, eine später teilweise umgebaute Renaissanceanlage auf mittelalterlichen Resten (Ursprung 12. Jh., 16. Jh.; Privatbesitz).
Gemütliche Wanderwege um das Zentrum des Schilcherlandes, immer wieder gesäumt von Buschenschenken; für besonders Leistungsbewußte die ›Deutschlandsberger Wandernadel‹.
Frei- und Hallenbad, Tennis (auch Halle), Fahrradverleih. Langlaufloipen. Alpine Skimöglichkeiten in *Trahütten*, dem Skizentrum *Weinebene* und anderen Koralpe-Orten.
ⓘ Verkehrsverein A-8530 Deutschlandsberg.

Den ›eisernen Brotlaib‹ hat man ihn genannt, den Erzberg, zentraler Platz der Obersteiermark. Ihm verdanken viele Orte ihre Existenz, aber auch ihre aktuellen Probleme. Nur schwer gelingt es in der Eisen- und Stahlregion, umzustrukturieren. Der Besucher freilich lenkt den Blick auf die anderen, unzweifelhaft vorhandenen Kostbarkeiten des Landes, auf die herrliche Bergwelt des Hochschwab beispielsweise.

Foto: Die Salza bei Wildalpen ist ein beliebtes Kanutenrevier.

Rund um den Erzberg

△ Noch fließt das Eisen: Hochofenwerk in Donawitz

△ Prachtvolle Fassade des Leobener Hacklhauses

Auf gedrehten Säulen: Schlingrippengewölbe in der früheren Gößer Klosterkirche ▽

△ Die kleine Kapelle des Brandhofes

△ Leoben: Forschungszentrum der Stahlindustrie

Am Brucker Wallisch-Platz das Kornmesser-Haus ▽

Erzherzog Johann ließ den Brandhof zu einem Jagdschlößchen und einem landwirtschaftlichen Mustergut ausbauen ▽

Die ›drei geheimen Fürsten‹ der Obersteiermark

Eherne Mark‹ hat man die Obersteiermark auch genannt, wegen ihrer Eisenvorkommen. Dabei reicht die Obersteiermark eigentlich weit über die Bergbauregion hinaus, bis ins Salzkammergut beispielsweise. Doch soll hier von dem Kerngebiet, eben dem ›ehernen‹, die Rede sein. Denn in diesem obersteirischen Herzstück sind die ›drei geheimen Fürsten‹ des Landes zu finden, nämlich der Erzberg, dann der mächtige Gebirgsstock des Hochschwab, und auch der schlichte Brandhof gehört zu den dreien.

Der ›eiserne Brotlaib‹

Der Erzberg bestimmt heute noch das Leben bis Leoben und Bruck an der Mur. Undenkbar ist ohne sein Eisen die wirtschaftliche ›Karriere‹ des Mürz- und Murtales zu einem der wichtigsten österreichischen Industriezentren. Ähnlich wie in anderen Gegenden das Salz, so verhalf hier das Eisen vielen Orten zu Wohlstand.
Die ›Steirische Eisenstraße‹, erst im Entstehen, verbindet Geschichte und Geschichten um das Eisenerz, kunsthistorische Zeugnisse vergangener Blütezeiten mit technischen Kulturdenkmälern und Einblicken in modernste Produktionsmethoden zu einer unterhaltsamen, interessanten Mischung.

Die ›Steirische Eisenstraße‹

Die ›Eisenstraße‹ beginnt in Leoben, einem im Mittelalter und auch in der beginnenden Neuzeit durch mancherlei Privilegien führenden Eisenhandelsort. Ganz vorn ist Leoben immer noch, trotz der großen Schwierigkeiten, die die Stahlbranche hat – und das nicht nur in Österreich. Im Leobener Stadtteil Donawitz stehen die Hochöfen, die heute das Erz des Erzberges schlucken, stehen modernste Walz- und Gußanlagen. Und die Montan-Universität ist ein weltweit anerkanntes Bildungs- und Forschungszentrum.

△ Der Erzberg . . . . . . und zu seinen Füßen die mittelalterliche Eisenerzer Kirchenburg ▽

△ Knappen vor dem Eisenerzer Bergmannsbrunnen

△ Modernste Technik wirkt klein vor den Stufen des Erzberges

Vordernberg: ein Hunt im Radwerk 4 ▽

Wo alles begann: der sagenumwobene Leopoldsteiner See ▽

Über Trofaiach, wo uralte Holzkohlenwege an den jahrhundertealten Energieträger bei der Erzverhüttung erinnern, geht es nach Vordernberg. Hier trieben bereits vor über 700 Jahren Wasserräder die Gebläse der Schmelzöfen an – daher Radwerke genannt. Ein aus dem 19. Jahrhundert stammender Nachfolger, das Dampfmaschinen-Radwerk 4, wurde in Form eines Industriemuseums gerettet.

Eine Stufenpyramide in den Alpen

Über den Präbichl gelangt man schließlich nach Eisenerz, dem Zentrum des österreichischen Erzabbaus, mit dem ›eisernen Brotlaib‹, dem eigenwillig anzuschauenden und bei jedem Wetter in einer anderen Farbe leuchtenden Erzberg. Seit die ersten Knappen zur Römerzeit nach dem begehrten Rohstoff gruben, hat er über 60 Meter an Höhe verloren.

Unweit von Eisenerz liegt zwischen den Bergen wie ein dunkles Auge der tiefgrüne Leopoldsteiner See. An ihm sollen der Sage nach vor über 1300 Jahren ein paar Bauernburschen einen Wassermann gefangen haben. Der bot ihnen für seine Freilassung Gold oder Silber für eine jeweils begrenzte Zeit oder aber Eisen ›auf immerdar‹. Sehr klug entschieden sich die Burschen für das letzte Angebot. Und der Erzberg liefert bis zum heutigen Tag das versprochene Metall.

Letzte Station der ›Eisenstraße‹ ist Hieflau. Längst hat es die Verhüttung an Donawitz abgeben müssen, so daß auch die Verschiffung des Roheisens auf der Enns nach Steyr, wo es weiterverarbeitet wurde, der Vergangenheit angehört. Da der Fluß oberhalb von Hieflau nur unter Gefahren schiffbar war – der Name ›Gesäuse‹ charakterisiert lautmalerisch gut die brausende, von steilen Felswänden gesäumte Passage –, warf man die gefällten Holzstämme einfach ins Wasser. Ein technisch beachtlicher ›Holzrechen‹ im Fluß, immerhin schon 1512 angelegt, fing den für die Hochöfen benötigten Brennstoff wieder auf.

△ Im Palten- und Liesingtal: Burg Strechau und Unterwald nahe dem Schoberpaß ▽

An der Straße nach Mariazell: Gollrad mit seiner 1833 erbauten kleinen Kirche ▽

Das gotische Portal der Aflenzer Pfarrkirche ▽

△ Der Arkadenhof von Schloß Ehrnau wurde zur modernen Diskothek

Hinter Seewiesens Kirche das Hochschwabmassiv ▽

Ein Quell für Wien

Zweiter ›geheimer Fürst‹ ist der Hochschwab. Der Dichter Franz Nabl hat einmal gemeint, diesem gewaltigen und weit ausufernden Gebirgsstock gebühre eigentlich der Titel steirischer Hausberg – und nicht dem Dachstein. Der Hochschwab bietet alpine Welt pur, mit zerklüfteten Felsabstürzen, latschenbedeckten Schuttfeldern, blumenübersäten Almen, dichten Bergwäldern, diversen Über-Zweitausendern und natürlich auch der dazugehörigen Tierwelt.

Im Inneren ist der Berg nicht weniger vielgestaltig. Ungezählte Höhlen duchziehen ihn, nur die wenigsten sind bekannt wie die Kraushöhle bei Gams oder die Rettenwand-Tropfsteinhöhle bei Kapfenberg. Und er bietet kristallklares Quellwasser, von dessen Qualität sich im Jahr 1910 Kaiser Franz Josef persönlich durch eine Kostprobe überzeugt hat. Seitdem fließen täglich 200000 Kubikmeter von dem lebensnotwendigen Naß in die Bundeshauptstadt Wien.

Zwei Wege hinauf

Bei Bruck an der Mur, dessen ›venezianische‹ Vergangenheit so prachtvoll von dem bald 500 Jahre alten Kornmesser-Haus dokumentiert wird, bietet das Lamingtal mit Tragöß und dem mitten im Wald gelegenen Grünen See einen ›Einstieg‹ in den Hochschwab. Ein paar Kilometer weiter mürzaufwärts geht es durch die Talenge bei Thörl hinauf nach Aflenz und weiter zum Seeberger Sattel, hinter dem der dritte ›geheime Fürst‹ auftaucht: der Brandhof.

Erzherzog Johanns Brandhof

1818 hatte Erzherzog Johann das Gut erworben, um es in den folgenden zehn Jahren zu einem viehwirtschaftlichen Musterbetrieb mit Signalwirkung für die ganze Steiermark und auch zu einem Jagdschloß auszubauen. Über seinen Kaufentschluß schrieb er in sein Tagebuch: ›Im 40. Jahr meines Lebens nach gemachten reichlichen Erfahrungen in einer vielfach bewegten

△ Von Wald umgeben: der Grüne See im Tragößtal

Mariazell: der Hochaltar in der Wallfahrtskirche ▽

△ Heuernte ist noch Handarbeit im Tragößtal

△ Wildfütterung am Hochschwab

Eisskulptur: Wasserrad des alten Sägewerkes von Au unterhalb Seewiesen ▽

Wie aus alten Zeiten: Station ›Waldschenke‹ der Mariazeller Bahn ▽

Zeit, beschloß ich ... in den schirmenden Alpen mir ein Haus der Ruhe ... einfach und prunklos zu bauen.‹
Und etwas später, nach einem Weihnachtsbesuch beim kaiserlichen Bruder in Wien, notierte er, betroffen vom ›der Mode unterliegenden‹ Prunk: ›Da zog es mir das Herz zusammen. Gott, hätte ich das Geld, was da stekket. Wieviel Tränen getrocknet, wieviel Mißmutige wieder aufgerichtet ... Doch still davon, solche Gefühle sind in der Hauptstadt fremd ... Ach, mein Brandhof mit seinen glatten Zimmern und Wänden ist auch warm, ... ist auch schön und wer vorbei geht, siehet ihn dort gerne an.‹
Es sei daran erinnert, in welcher äußerst schweren Krise sich die Steiermark zu jener Zeit befand. Dann wundert es nicht, daß die Bevölkerung in Johann ihren ›steirischen Prinzen‹ sah und verehrte.

<u>Die Mariazeller Mutter hilft</u>
Tränen getrocknet und Mißmutige wieder aufgerichtet wurden seit Jahrhunderten schon am Nordrand des steirischen Landes in Mariazell. Die Zahl der Menschen, die zur ›Magna Mater Austriae‹ gepilgert sind und es heute noch tun, ist legendär. Auch bei Mariazell ist der Anfang historisch kaum faßbar. Sicher ist nur, daß ein paar Mönchszellen zur Seelsorge angelegt wurden, nachdem das Stift St. Lambrecht im Jahr 1103 reichen Grundbesitz in der Mariazeller Umgebung erhalten hatte. Klassenlos und international ist der Wallfahrtsort bis heute. So kamen Fürsten, Könige und (vor allem habsburgische) Kaiser ebenso wie Bergleute und Bauern, um bei persönlichen Nöten und Krankheiten Hilfe zu erbitten. Der Wallfahrerprospekt ist zehnsprachig, beichten kann man in allen Sprachen Europas. Wie vielen die Mariazeller Mutter geholfen hat, ist bei der Besichtigung der Schatzkammern in der Basilika zu sehen, in denen Hunderte von Menschen teilweise prachtvolle Zeichen ihrer Dankbarkeit hinterließen.

Maßstab 1:300.000 0 2 4 6 8 10 km

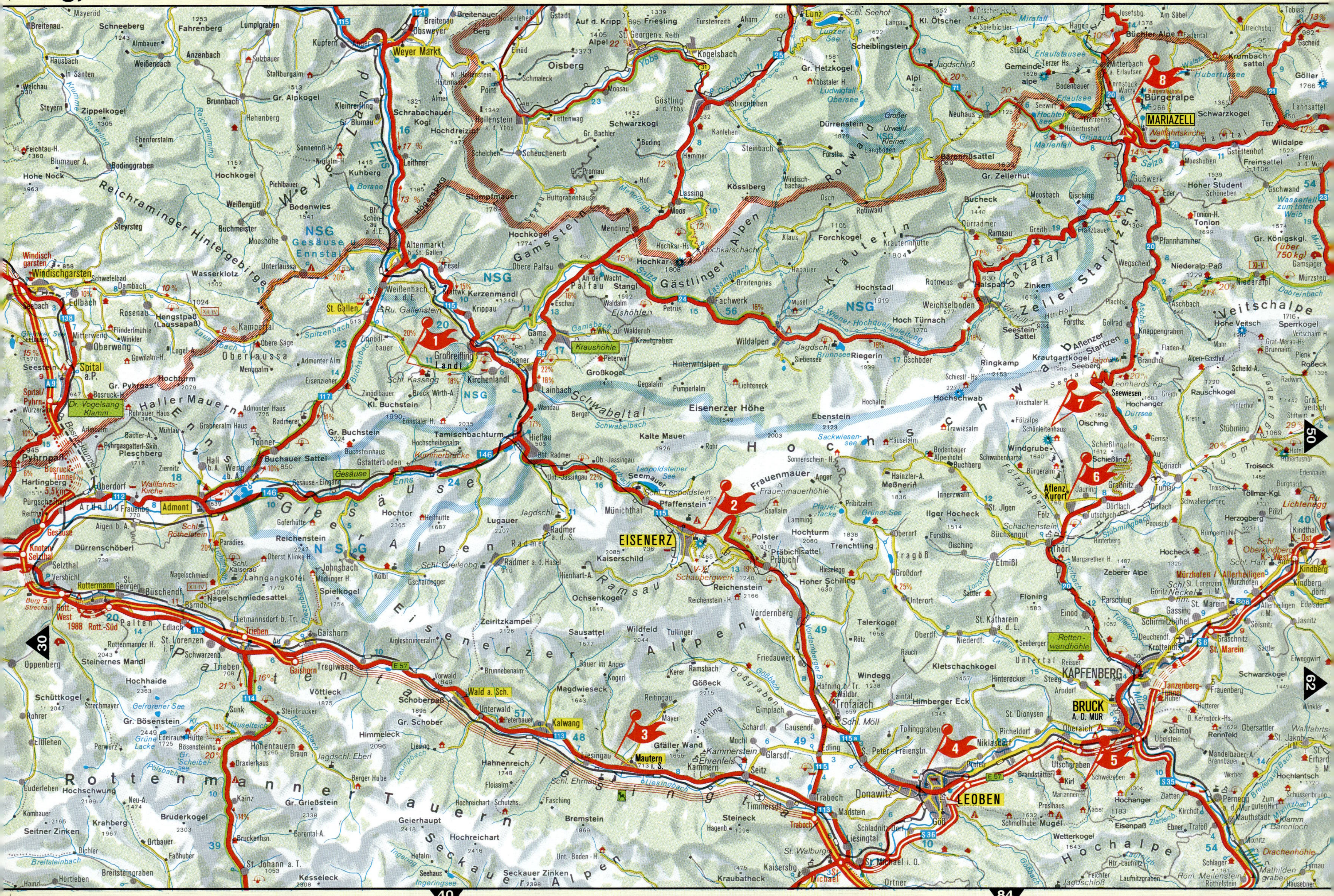

Wo gibt es was?

Fähnchennummer = Textnummer   ⓘ = Auskunft

Landl ①

Die weitläufige Ennstalgemeinde bietet vielseitige Erholungsmöglichkeiten. In *Kirchlandl* die spätgotische, 1523 geweihte Pfarrkirche; in *Großreifling* ein interessantes Forstmuseum (montags und von November bis April geschlossen). Bei *Gams* die Kraushöhle, eine Gipskristall-Schauhöhle. Die Salza ist ein Dorado für Wildwasserkanuten. Bergsteigen (mit Führung), Wandern. Skilifte, Langlaufloipen, Rodeln.
ⓘ Verkehrsverein A-8921 Landl.

Eisenerz ②

Zentrum des steirischen Eisenwesens seit alters her. Von dem Wohlstand des 16. bis 18. Jh. zeugen stattliche Bauten in der Stadt und schloßartige Landsitze in der Umgebung.
Die gotische Pfarrkirche gehört zur hervorragend erhaltenen Kirchenburg aus dem 14. und 15. Jh. Den Schichtwechsel zeigte einst die Glocke im Schichtturm (um 1580) an. Am Bergmannsplatz mit dem Bergmannsbrunnen (1874) steht das Alte Rathaus (16. und 17. Jh.). Kulturgeschichtliches zum Bergbau samt technischer Entwicklung im Stadtmuseum (montags geschlossen); von Mai bis Oktober täglich Möglichkeiten, den Erzabbau über Tage zu besichtigen.
Vom Mittelalter bis ins 19. Jh. war *Vordernberg* zentraler Ort der Eisenverhüttung. Interessant verschiedene Radwerke aus dem 19. Jh., Hüttenbetriebe mit Gewerkenhaus (Herrenhaus), Arbeiterhaus, Erzröstanlage, Werkshalle und Remise; die Radwerke 3 und 4 sowie die Lehrfischhütte heute Museum (täglich geöffnet). Das Rathaus war einst ein Gewerkenhaus (16. und 17. Jh.), davor der Marktbrunnen mit schmiedeeiserner Haube (1648). Noch mit Wehrcharakter die gotische Kirche (15. und 19. Jh.).
Um Vordernberg, Präbichl und Eisenerz heute eine Urlaubslandschaft mit guten Wandermöglichkeiten. Skilifte, Langlaufloipen.
ⓘ Fremdenverkehrsverband ›Leoben–Präbichl–Erzberg‹, A-8793 Trofaiach.

Mautern ③

Markt (seit 1633) im Liesingtal mit gut erhaltenem Ortsbild, gotisch-barocker Pfarrkirche (15. und 17. Jh.) und ehemaliger barocker Klosterkirche (um 1670). In der Nähe *Schloß Ehrnau* (13. und 17. Jh.; heute Diskothek »Centro«) und jenseits des Schoberpasses die mächtige, weitläufige *Burg Strechau* auf steilem Felsrücken (14.–18. Jh.; Privatbesitz).
Mautern ist, wie *Wald, Unterwald* und *Kalwang*, heute Erholungsort mit guten Wander- und Wintersportmöglichkeiten. Freibad, Fahrradverleih, Wildpark und Sommerrodelbahn in Mautern.
ⓘ Fremdenverkehrsverband Liesingtal, A-8775 Kalwang.

Leoben ④

Mit ähnlicher Vorgeschichte wie Bruck um 1260 in einer Murschleife planmäßig angelegt (Stadtrecht 13. Jh.). Bis heute bestimmen Eisen und Stahl das Leben der Bezirkshauptstadt, einst Haupthandelsort dieses steirischen Produktes.
Im ›Jesuitenbarock‹ die heutige Pfarrkirche (1665); anschließend ein Restflügel des früheren Jesuitenkollegs (17. Jh.) mit dem Stadtmuseum (besonders Eisenwesen; samstags und sonntags geschlossen). Sehenswert die gotische Kirche ›Maria am Waasen‹ (14./15. Jh.; schöne Glasfenster) hinter dem einzig erhaltenen Stadttor (1616). Am Hauptplatz das häufig veränderte Alte Rathaus (15. Jh.) und das barocke Hacklhaus (16. und 17. Jh.).
Außerordentlich bedeutend ist die spätgotische Kirche (um 1340 und um 1520) des ehemaligen Benediktinerinnenstiftes *Göß*, als erstes steirisches Kloster um 1000 gegründet. In den erhaltenen Stiftsgebäuden aus dem 17. Jh. die Brauerei Göß (Betriebsbesichtigungen mit Bewirtung; Stifts- und Brauereimuseum nach Vereinbarung geöffnet).
Frei- und Hallenbad, Reiten, Segelfliegen. Skilift, Langlaufloipen. Empfehlenswert der »Brücklwirt« in Niklasdorf.
ⓘ Verkehrsbüro A-8700 Leoben.

Bruck an der Mur ⑤

Auf frühgeschichtlichem, römerzeitlichem und frühmittelalterlichem Siedlungsgebiet ab 1263 planmäßig angelegt (Stadtrecht 1277). Blütezeit der vor allem mit Venedig handelnden Stadt bis ins 16. Jh. durch Salz- und Getreidemonopole speziell für das Bergbaugebiet. Im 19. Jh. Entwicklung der heutigen Bezirkshauptstadt zum Industriestandort und Eisenbahnknotenpunkt.
Von der mittelalterlichen Stadtbefestigung und der Burg blieben Mauerreste; ein Burgturm wurde Uhrturm. Gotisch die Stadtpfarrkirche (13.–15. Jh.). In der ebenfalls gotischen, ehemaligen Minoritenkirche (13. und 17. Jh.) interessante Wandmalereien (um 1400). Am Wallisch-Platz das prachtvolle spätgotische Haus des Hammerwerksbesitzers Kornmesser (um 1500), außerdem ein Jugendstilhaus, das klassizistisch umgebaute Rathaus (mit Heimatmuseum; geöffnet nach Vereinbarung) und das Apothekerhaus (16. Jh.) mit Arkadenhof; davor der Ziehbrunnen mit schmiedeeiserner Haube und eine Mariensäule (1710). Murabwärts bei Mixnitz die Bärenschützklamm.
ⓘ Verkehrsverein A-8600 Bruck.

Aflenz-Kurort ⑥

Der bald 1000 Jahre alte Markt (seit 1458) ist heute ein luft- und höhenklimatischer Kurort (auch Kneippkuren) in einer weitläufigen Wald- und Wiesenlandschaft. Sehenswert die im 15. und 16. Jh. gotisch umgebaute Pfarrkirche mit weitgehend barocker Ausstattung und das gotisch-barocke ehemalige Propsteigebäude des Klosters St. Lambrecht (um 1500 und um 1660), heute Heimatmuseum (geöffnet nach Vereinbarung). Spätgotisch der 1517 geweihte, achteckige Karner.
Frei- und Hallenbad, Reiten, Wandern, Fahrradverleih, Sessellift auf die Bürgeralm. Skilifte und -schule, Langlaufloipen. Weitere Erholungsorte in der Nähe sind *Thörl* und *Fölz.*
ⓘ Fremdenverkehrsverband ›Alpenregion Hochschwab‹, A-8623 Aflenz.

Seewiesen ⑦

Bergdorf und Erholungsort mit kleiner gotischer Kirche (14. Jh.). Jenseits des Seebergsattels der *Brandhof,* bereits 1319 genannt. In der Hofkapelle heiratete Erzherzog Johann 1829 Anna Plochl. Der bis 1828 dem Zeitgeist entsprechend, dennoch zurückhaltend ausgestattete und umgebaute Hof diente als alpines Mustergut (Privatbesitz).
ⓘ Verkehrsverein A-8636 Seewiesen.

Mariazell ⑧

Berühmtester Marienwallfahrtsort Österreichs mit alljährlich hunderten Wallfahrten aus allen Teilen der ehemalig österreich-ungarischen Monarchie. Anstelle der romanischen Kirche entstand in Jahrhunderten (14.–18. Jh.) die gotisch-barocke Basilika mit prachtvoller barocker Ausstattung; silbergleißender Gnadenaltar (1727) und abschließender Hochaltar (1704). Hinter der Kirche spätgotischer Karner (15. Jh.). In der Wiener Straße das Heimatmuseum (Öffnungszeiten beim Verkehrsverein). In Mariazell wie auch in *St. Sebastian* Schwimmen, Segeln und Surfen am Erlaufsee, Fahrradverleih, Wandern und Bergsteigen (Seilschwebebahn zur Bürgeralm, Sessellift zur Gemeindealm). Skilifte und Langlaufloipen. Fahrten mit der Museumstramway.
ⓘ Verkehrsverband ›Mariazeller Land‹, Grazer Straße 10, A-8630 Mariazell.

Touristik-Informationen von A-Z

Fortsetzung von Seite 2

Eine attraktive Museumsvariante sind die historischen Eisenbahnen der Steiermark, meist unter Dampf und auf Schmalspur unterwegs. Zwischen Murau und Tamsweg die Murtalbahn (Mitte Juli bis Mitte September), von Weiz nach Birkfeld die Feistritztalbahn (Mitte Juni bis Mitte September), zwischen Stainz und Wohlsdorf der ›Flascherlzug‹ (mit Bewirtung im Zug; Mai bis Oktober) und zwischen Mariazell und Erlaufsee die Mariazeller Bahn, eine Museumstramway (Mitte Mai bis Mitte Oktober). Der ›Flascherlzug‹ und die Murtalbahn dürfen auch von Amateurlokführern gefahren werden, wobei bei der Murtalbahn der Amateur-Lokführerschein erworben werden kann. Alle Züge für Sonderfahrten zu mieten. Prospekte und Informationen über Betriebstage etc. beim Landesfremdenverkehrsverband (siehe Adressen).

Radfahren

So ungewöhnlich es klingt, Radfahren ist in der Steiermark wohl ein Thema. So bieten fast 100 Urlaubsorte Fahrradverleih und weit mehr Radwandermöglichkeiten in ihrer Umgebung. Interessant das ›Fahrrad am Bahnhof‹, in Admont, Feldbach, Fürstenfeld, Gratwein bei Graz, Graz, Leibnitz, Mariazell und Schladming am Bahnhof zu leihende Räder, die an jedem beliebigen Bahnhof der Österreichischen Bundesbahnen wieder abgegeben werden können; ein ausführlicher Prospekt ›Radfahren in Österreich‹ mit Planungskarte bei den Fremdenverkehrsorganisationen (siehe Adressen).

Sommersport

Die steirischen Urlaubsorte, besonders in den Fremdenverkehrshochburgen Ausseer Land, Oberes Ennstal um Schladming, Murtal um Murau, Mariazeller Land, Semmeringgebiet und um Bad Gleichenberg, bieten umfangreiche Möglichkeiten für sportliche Betätigung. Nahezu jeder Ort besitzt Tennisplätze, einige auch Hallen. Schwimmen in Freibädern oder Seen, teilweise auch in Hallenbädern. Segeln und Surfen auf den Seen des Salzkammergutes, dem Stubenberger See, dem Hirzmann- und dem Packer Stausee; Wildwasserpaddeln besonders auf der Salza. Spazierengehen und wandern sind überall möglich, weitgehend auf gekennzeichneten und im Winter teilweise auch geräumten Wegen – die Steiermark ist schließlich das waldreichste österreichische Bundesland und noch zu 60 Prozent bewaldet. Für höhere Ansprüche gibt es interessante Wanderrouten, der Dachstein-Tauern-Panoramaweg oder ein Weinwanderweg durch das Sausal beispielsweise. Zum Bergsteigen in unterschiedlichen Schwierigkeitsgraden bieten sich Dachstein, Schladminger Tauern, Hochschwab und Totes Gebirge an. Reiten kann man an vielen Orten, Golf spielen beim Schloß Pichlarn, am Murhof bei Graz und in Bad Gleichenberg. Das Apfeldorf Puch bei Weiz ist das Zentrum der Heißluftballonfahrer. Zu allen Bereichen detaillierte Informationen beim Landesfremdenverkehrsverband (siehe Adressen).

Telefon

Die Vorwahl für Österreich lautet 0043, die der Bundesrepublik Deutschland aus Österreich 060.

Unterkunft

Weitgespanntes Angebot vom Schloßhotel bis zur Jugendherberge, bei allem aber immer vergleichsweise preiswert. Jugendherbergen in A-8911 Admont (Schloß Röthelstein), A-8990 Bad Aussee (Lerchenreith 148), A-8600 Bruck an der Mur (Theodor- Körner-Straße 37), A-8280 Fürstenfeld (Klostergasse 4), A-8020 Graz (Idlhofgasse 74), A-8967 Haus im Ennstal (Bergheim am Hauser Kaibling), A-8630 Mariazell (Fischer-von-Erlachweg 2), A-8850 Murau (›Zum Deutschen Ritter‹), A-8480 Mureck, A-8692 Neuberg an der Mürz (Kaplanweg 8), A-8333 Riegersburg (im Cillitor), A-8970 Schladming (Coburgstraße 253), A-8554 Soboth (›Grenzlandheim‹), A-8471 Spielfeld (›Südmark‹), A-8553 St. Oswald ob Eibiswald, A-8793 Trofaiach (Rabenburgstraße 2).

Über Campingmöglichkeiten (auch im Winter) informieren der Fremdenverkehrsverband (siehe Adressen) und der in Zusammenarbeit mit dem Deutschen Campingclub erstellte Camping-Atlas des RV Reise- und Verkehrsverlages.

Wintersport

Von der WM-Piste bis hin zum sanften Hügel alle Möglichkeiten des alpinen Skisports. Dazu natürlich an den meisten Fremdenverkehrsorten Langlaufloipen, Rodelbahnen, teilweise auch Eislaufplätze und Eisstockschießen. Hochburg des alpinen Skisports ist die Dachstein-Tauern-Region um Schladming, während im nicht minder bedeutenden Salzkammergut der Langlauf stärker vertreten ist. Familiärer geht es am Hochschwab, um Murau, im Donnersbachgebiet und rund um das Mürztal zu, wobei nicht weniger geboten wird. Die Gebiete der Kor- und Hebalpe sind vor allem am Wochenende stark besucht. Eine Besonderheit ist der Sommerskilauf am Dachstein mit Gletscherloipe.

Zoll

Es gelten die Bestimmungen für Nicht-EG-Länder. Für die Einreise genügen Personalausweis oder Reisepaß, für das Auto der Kraftfahrzeugschein.

Zeichenerklärung für den Autoatlas

Verkehr

- Autobahn (mit Anschlußstelle, Tankstelle, Rasthaus)
- Im Bau – geplant
- Vier- oder mehrspurige Straße (ein- oder zweibahnig)
- Im Bau – geplant
- Bundes(Staats-)straße – im Bau – geplant
- Wichtige Hauptstraße
- Hauptstraße
- Nebenstraße
- Fahrweg (nur bedingt befahrbar) – Fußweg
- Autobahn- und Bundesstraßennumerierung — A2, S6, 54, 55, 3
- Europastraßen — E 57
- Steigung — 10%
- Paß, normalerweise geschlossen von – bis — X-IV
- Für Caravans ungeeignet – verboten
- Kilometrierung an Autobahnen — 17, 37, 20
- Kilometrierung an übrigen Straßen — 30, 75, 45
- Hauptbahn (mit Bahnhof)
- Nebenbahn (mit Haltepunkt)
- Eisenbahnlinie – Personenverkehr eingestellt
- Zahnrad- und Standseilbahn
- Seilschwebebahn (Gondel- und Kabinenbahn)
- Sessel- und Skilift
- Touristenstraße — Schilcher Straße
- Landschaftlich schöne Strecke
- Gebührenpflichtige Straße
- Für Kfz gesperrte Straße
- Flughafen – Flugplatz – Segelflugplatz

Sehenswürdigkeiten

- Wo gibt es was?-Hinweis
- Besonders sehenswerter Ort — SCHLADMING
- Sehenswerter Ort — Gröbming
- Besonders sehenswertes Bauwerk — Riegersburg
- Sehenswertes Bauwerk — Pfarrkirche
- Besondere Natursehenswürdigkeit — Lurgrotte
- Sonstige Sehenswürdigkeit — Museumsbahn
- Botanischer Garten
- Zoologischer Garten – Wildgehege
- Naturpark – Naturschutzgebiet
- Aussichtspunkt
- Burg, Schloß – Ruine
- Kloster – Ruine – Kirche – Kapelle – Denkmal
- Turm – Funk- oder Fernsehturm

Freizeiteinrichtungen

- Alleinstehendes Hotel oder Gasthaus
- Motel
- Jugendherberge
- Berghütte
- Campingplatz ganzjährig – nur im Sommer
- Weinort
- Strandbad
- Schwimmbad
- Heilbad

Sonstiges

- Staatsgrenze
- Ländergrenze
- Grenzübergang
- Wald
- Weinbaugebiet

Register

(Fettgedruckte Ziffern verweisen auf den Autoatlas)

Bereits erschienen

1 Romantische Straße
2 Ostsee und Holsteinische Schweiz
3 Südschwarzwald
4 Harz
5 Allgäu
6 Bayerischer Wald
7 Oberbayern – Das Hochland
8 Nordschwarzwald
9 Nordsee – Nordfriesland und die Inseln, Helgoland
10 Bodensee
11 Lüneburger Heide
12 Schwäbische Alb
13 Salzburg und Salzburger Land
14 Sauerland
15 Ostfriesland – Die sieben Nordsee-Inseln, Oldenburg
16 Der Rhein zwischen Köln und Mainz
17 Elsaß und Vogesen
18 Eifel
19 Mallorca, Menorca, Ibiza, Formentera
20 Westerwald
21 Fränkische Schweiz
22 Südtirol
23 Odenwald und Spessart
24 Amsterdam
25 Bergisches Land
26 Pfalz und Pfälzer Wald*
27 Venedig und Venetien
28 Berlin*
29 Weserbergland
30 Engadin – St. Moritz, Pontresina, Bad Scuol
31 Münsterland
32 Kopenhagen
33 Kärnten
34 Rhön
35 Toskana – Florenz
36 Niederbayern – Hallertau
37 Niederrhein
38 Bornholm
39 Tirol – Innsbruck**
40 Flandern – Antwerpen, Brügge, Gent
41 Trier
42 Hamburg*
43 Zwischen Elbe und Weser – Bremen
44 Kraichgau und Nördlicher Schwarzwald
45 Jütland
46 Hohenloher Land
47 Vorarlberg
48 Die Mosel
49 Saarland
50 Mainfranken – Steigerwald, Haßberge
51 Osnabrücker und Tecklenburger Land
52 Südlicher Schwarzwald – Hochrhein, Kaiserstuhl
53 Tessin
54 Wien*
55 Mittlerer Schwarzwald
56 Ruhrgebiet
57 Emilia-Romagna – Vom Apennin zur Adriaküste
58 Holstein – Herzogtum Lauenburg
59 Provence
60 München*
61 Teneriffa, Gran Canaria, La Palma, Gomera, Hierro, Fuerteventura, Lanzarote
62 Luxemburg
63 Hessisches Bergland
64 Fichtelgebirge – Frankenwald, Coburger Land
65 Frankfurt
66 Steiermark – Graz

* auch als englische Ausgabe erhältlich
** auch als französische Ausgabe erhältlich

In Vorbereitung

67 Côte d'Azur – Monaco
68 Dänische Inseln
69 Nord- und Ostsee – Nordfriesland, Schleswiger Land

Impressum

Alsterufer 4, Postfach 300660, 2000 Hamburg 36, Telefon 040/4151-850.
Geschäftsführer:
Kurt Bortz, Dr. Joachim Dreyer, Erich Förster

Redaktion und Produktion:
Harksheider Verlagsgesellschaft mbH, Fabersweg 1, Postfach 5249, 2000 Norderstedt, Telefon 040/5234075
Redaktion:
Ulrike Klugmann (verantwortlich)
Horst Keppler

Text und Bildrecherche:
Dr. Johannes Koren, Graz
Exklusiv-Fotografie:
Thomas Peter Widmann, Regensburg
Zusätzliches Fotomaterial:
Verkehrsamt Bad Mitterndorf (1)
Fremdenverkehrsverband Steiermark, Graz (1)
Layout:
Rolf Bünermann, Gütersloh
Kartografie:
RV Reise- und Verkehrsverlag GmbH, Stuttgart

Erscheinungsweise: zweimonatlich

Vertrieb:
Pegasus Buch- und Zeitschriften-Vertriebs-Gesellschaft mbH, Hauptstätter Straße 96, 7000 Stuttgart 1, Telefon 0711/64830, Telex 722971

Satz:
Utesch Satztechnik GmbH, Hamburg
Reproduktionen:
Otterbach Repro GmbH & Co, Rastatt
Druck und buchbinderische Verarbeitung:
Mainpresse Richterdruck, Würzburg
Printed in Germany

ISBN 3-616-06066-4

Titel:
Die mächtige Anlage der Riegersburg

Rücktitel:
Der Grazer Hauptplatz mit dem Schloßberg dahinter

Bildatlas
Steiermark
Graz